AF744756

WALL STREET
OU
LE MIRACLE AMÉRICAIN

Du même auteur

La Dépréciation du capital et le sujet économique, Sedeis, 1958.

Analyse qualitative de la croissance des pays sous-développés, PUF, 1967.

Théorie générale du capital, de la croissance et des fluctuations, Dunod, 1967.

Dictionnaire de sciences économiques, Mame, 1968.

Les Choix économiques de la grande entreprise, Dunod, 1968.

New Findings in the Theory of Oligopoly, Purdue, 1969.

Croissance et inflation en France depuis 1962, PUF, 1974.

Taux d'intérêt, plus-values et épargne en France et dans les nations occidentales, PUF, 1976.

Le Capitalisme, PUF, 1977.

La France et l'impératif mondial, PUF, 1978.

Réflexions sur la grande transition, PUF, 1979.

Le Triomphe des corporations, Grasset, 1983.

Le Corporatisme, PUF, 1984.

Les Cinq Erreurs, Olivier Orban,1985.

L'Homme au travail, Fayard, 1987.

Le Capitalisme dans tous ses états, Fayard, 1990.

La France en panne, Fayard, 1991.

Pour l'Europe, contre Maastricht, Fayard, 1992.

La Société du jeu, Fayard, 1993.

Un nouveau président pour rien, Fayard, 1994.

L'Ivresse et la paresse, Fayard, 1998.

Alain Cotta

Wall Street

ou le miracle américain

Fayard

Il y a plus de trente ans, les États-Unis étaient censés défier le monde. C'était sans doute prêter à ce monde dont nous faisons partie beaucoup trop d'importance. Depuis qu'ils existent, les États-Unis ont trop à faire avec eux-mêmes pour s'intéresser outre mesure à plus petit que la Chine.

Aujourd'hui, leur réussite serait insolente si elle ne tenait de ces miracles que nous serons bien obligés de reconnaître et dont nous serions encore plus avisés de nous inspirer. Un miraculé qui montre la voie d'un nouvel âge d'or se doit d'être reçu comme un modèle, d'autant plus qu'il fait montre d'un prosélytisme sans excès.

Quel est donc cet âge à nous promis, pourvu que nous sachions montrer la même intelligence et la même sagesse que les États-Unis ?

1

UNE SANTÉ HORS NORMES

La société américaine ne s'est jamais aussi bien portée. Soutenue par une croissance économique qui ne subit plus de ces ralentissements qui lui étaient habituels, la vie sociale y connaît une amélioration indiscutable, cependant qu'une nation ne rassemblant au bout du compte qu'à peine quatre et demi pour cent de la population terrestre a acquis une hégémonie mondiale sans précédent depuis Rome au temps de son empire.

C'est la persistance inhabituelle de la croissance, non son intensité, qui a lentement donné naissance à la croyance en un *miracle* américain. L'économie américaine avait connu sous Reagan des années éblouissantes. Le record de 1984 n'est pas près d'être battu. Le produit national avait alors augmenté de 7,1 %. Mais l'expansion qui débuta en 1983 fut suivie, ainsi que de coutume depuis la fin de la Seconde Guerre mondiale, par une récession qui ne fut pas étrangère à la défaite de George Bush et à la victoire de Bill Clinton. Aussi le nouvel essor qui se manifeste dès 1992 est-il accueilli à son tour sans surprise. On s'attend simplement à ce que la récession se produise dans trois ou quatre ans, conformément au cycle américain de quelque sept à huit ans. Or, rien de tel ne survient ni en 1995, ni en 1996. Non que le taux de croissance soit anormalement élevé : il se situe toujours aux alentours de 3 %, conforme à sa moyenne séculaire (quelque 2,8 %). Mais c'est la récession qui renâcle, alors que le reste du monde connaît quelques difficultés qui non seulement auraient pu l'expliquer, mais la font habituellement anticiper. Mieux : en 1997 et 1998, voici que *la croissance s'accélère* au lieu de se calmer : près de 4 % en 1997, à peine moins en 1998. Et ce, malgré les étouffements de l'Asie, les hoquets du Mexique et du Brésil, l'effondrement de la Russie ! C'est à ne pas y croire : comment l'Amérique du Nord peut-elle, seule et presque contre tous, affirmer sa persistante vigueur, au contraire de ceux qui l'entourent et de son histoire propre ? *Il doit s'agir en effet d'un miracle !*

Hors la persistance de la croissance, l'éventualité d'un prodige a bien d'autres raisons d'être envisagée, à commencer par *la qualité intrinsèque de cette croissance.* Pour relativement modeste qu'elle soit – il ne s'agit ni de l'envol reaganien, ni de la renaissance glorieuse de l'Europe durant l'après-guerre –, la croissance américaine a vu le chômage régresser régulièrement, passant de son taux élevé de 1991, près de 7 %, à moins de 4,5 % aujourd'hui, soit un niveau jugé sinon incompressible, du moins intouchable à la baisse sans hausse notable des salaires et des prix. Cette capacité de la croissance de réduire à son plancher le chômage est d'autant plus remarquable que la population active n'a pas cessé d'augmenter (de près de 10 millions de personnes depuis 1991). Son taux d'activité est aujourd'hui *le plus élevé des nations à niveau de dévelop-*

pement comparable, soit près de 78 % : quatre Américains sur cinq en âge de travailler travaillent effectivement, ce qui constitue presque sûrement un *maximum*, tous ceux qui souhaitaient accepter un emploi, salarié ou non, l'ayant déjà fait, les femmes notamment[1].

La seconde qualité de cette croissance est d'avoir eu lieu sans accélération de l'inflation, même au cours des deux dernières années où cette crainte, pourtant de plus en plus fondée, ne se vérifia pas. La longue croissance américaine aura été *désinflationniste*, sans jamais verser, comme en Europe et au Japon, dans le flirt avec la déflation. Au début des années 1980, le taux d'inflation était nettement supérieur à 10 % ; il était encore de 6 % au début des années 1990. Il n'aura pas cessé de baisser depuis lors, pour s'établir au palier de 2[2].

---

1. Bureau of Labor Statistics, *Employment and Earnings*, 1998 ; Congressional Budget Office, *The Economic and Budget Outlook - Fiscal Years 2000-2009*, janvier 1999, pp. 2-3.

2. La mesure de ce taux a soulevé de nombreuses controverses dont le rapport Berkin rend compte avec précision. Mais le phénomène de la désinflation ne souffre aucune contestation.

Les causes de cette désinflation réussie tiennent à plusieurs facteurs. Certains sont extérieurs, notamment la baisse du prix des matières premières, dont le pétrole, et plus généralement des importations dont les prix diminuent en 1996 et 1997 (de plus de 4 % pour cette dernière année). Le prix du pétrole décroît de 20 dollars le baril à la fin de 1997 à 10 dollars à la fin de 1998, et celui des matières premières autres que le pétrole de 5,5 % par an depuis le début de 1997[1]. En ajoutant à cette baisse *la hausse du dollar (de quelque 15 %)*, il faut estimer à plus de *25 % la hausse des termes de l'échange des États-Unis avec le reste du monde*. Le rapport des prix entre les biens fabriqués sur place et ceux qui le sont « ailleurs » n'a jamais changé aussi vite. Il s'est agi en fait d'un mini-choc pétrolier à l'envers : à l'avantage des nations développées, et favorisant leurs producteurs de biens industriels.

1. *The Economic and Budget Outlook*, *op. cit.*, janvier 1999, p. 16 sqq.

Il n'empêche que *les causes essentielles du phénomène demeurent domestiques. Trois* d'entre elles méritent l'attention :

La modification de la relation entre l'évolution des salaires et celle du chômage est sans doute la plus notable d'un point de vue purement mécanique – les salaires constituant les deux tiers environ des coûts de production –, mais aussi d'un point de vue plus général. Ces dix dernières années, *l'économie américaine aura mis à mal la fameuse relation négative, dite de Philips, entre salaire et chômage.* La « loi de Philips » voudrait que les salaires nominaux aient tendance à augmenter d'autant plus que le taux de chômage diminue. Cette relation, vérifiée en gros dans de nombreux pays depuis les années 1960, n'est jamais qu'une variété de la relation keynésienne croissance/inflation. Plus de croissance implique moins de chômage et assez rapidement plus d'inflation. D'où le fameux arbitrage croissance/inflation, celle-ci pouvant dès lors être considérée comme une condition de la croissance. *Or cet enchaînement n'a point joué aux États-Unis depuis plus de vingt ans et ne joue toujours pas, alors qu'à l'évidence le chômage a atteint son plancher incompressible.* Pourquoi donc les salaires nominaux ont-ils été aussi longtemps insensibles à la diminution du chômage ? Ce phénomène est-il définitif ou, comme tant d'autres, n'est-il que provisoire ? Et, dans la première éventualité, quels en seraient les effets ? On ne saurait tenter de répondre à ces questions avant d'aller plus avant dans l'examen des causes du « miracle américain ».

Il faut en second lieu constater que *l'évolution des coûts salariaux indirects, dits charges sociales*, notamment celle des cotisations d'assurance-maladie et des coûts médicaux, *apporte à la désinflation un concours notable.* La hausse annuelle des coûts médicaux était de près de 10 % en 1991, à l'arrivée de Clinton à la Présidence. Elle n'est plus que de 3 % aujourd'hui, témoignant du succès – que nous envions – de la politique récente de stabilisation des programmes publics de santé. Dès 1996, les trois quarts de la population assurée obéissaient à un programme de régulation de soins qui intégrait de multiples accords consentis par les sociétés d'assurance-maladie et les divers organismes de gestion de la santé offrant une médecine prépayée au forfait au lieu de paiements à l'acte[1].

Dans la même catégorie de causes domestiques, il faut retenir la diminution extrêmement rapide et forte des prix de certains biens de consommation, en particulier celui des ordinateurs domestiques, qui avait déjà chuté de 13 % entre 1983 et 1994, et qui a accéléré son mouvement (25 % de baisse supplémentaire depuis 1995). L'origine de cette accélération réside dans la baisse encore plus spectaculaire du prix des composants (mémoires et processeurs), due à la surcapacité des nations asiatiques, désormais spécialisées en ce domaine. Il faut enfin ajouter à ces réductions de coûts la pression exercée sur les prix autant par l'intensité de la concurrence entre producteurs, et plus encore

1. Nathalie Benatra, « Quelles perspectives pour l'inflation aux USA ? », *Lettre de conjoncture BNP*, 23 juin 1998 ; Hélène Baudechon, « La faiblesse de l'inflation aux USA : phénomène durable ou temporaire ? », *Lettre de l'OFCE*, 1er juillet 1998.

entre distributeurs, que par une modification notable du comportement des consommateurs, devenus de plus en plus attentifs aux prix et de moins en moins à la qualité.

La troisième qualité de la croissance, jusque-là toujours espérée mais jamais atteinte en dépit de multiples tentatives plus ou moins médiatisées, tient à la *réduction progressive du déficit public.* Ce déficit avait constitué (qui ne s'en souvient ?) la préoccupation essentielle de la politique économique américaine durant les années 1980. Son accroissement brutal avait alors des causes multiples, dont la plus prégnante était la très forte augmentation des dépenses militaires – « guerre des Étoiles » obligeait – qui passèrent de 500 milliards de dollars en 1979 à plus de 1 100 milliards de dollars en 1989. Les dépenses militaires atteignirent leur sommet en 1985, année où elles s'élevèrent jusqu'à représenter 6,2 % du produit national, soit 1,5 % de plus qu'au moment de l'accession de Reagan à la Présidence.

Alors commença la course à la réduction du déficit budgétaire. Ah, les beaux jours des trois sénateurs Graham, Holling et Rudman, aux soucis et échecs répétés ! Pis : se nourrissant à la récession de 1990-91, le déficit budgétaire croît au début de la décennie jusqu'à faire un bond de 240 milliards de dollars, soit près de 20 milliards de dollars par mois ! La baisse récente de ce déficit aura été d'autant plus spectaculaire. En 1998, soit moins de six ans après ce pic, *le déficit public total est devenu nul !* Mieux : le déficit « primaire » (charges d'intérêts de la dette exclues) est devenu un excédent, lequel s'élève en 1998 à 3 % du Produit national. L'excédent budgétaire total (intérêts de l'endettement compris) ne devrait pas cesser de croître à partir de 1999, pour atteindre un montant de 200 milliards de dollars en 2002 et de 300 milliards en 2006[1].

À ce rétablissement aussi spectaculaire que rapide, deux raisons, symétriques de celles qui avaient expliqué le déficit : la diminution des dépenses militaires, qui passent de 6,2 % à 3 % du PIB entre 1986 et 1996 (l'effondrement de l'URSS aura soulagé le contribuable américain et l'aura rendu plus disponible pour

---

1. *The Economic and Budget Outlook*, *op. cit.*, pp. 19-20 ; Department of Defense, « National Defense Budget estimates for FY 2000 », chapitre 7, p. 199 *sqq.*, mars 1999.

d'autres débats...), et l'entrée en croissance durable. Les effets de ce redressement mériteront encore plus d'attention : le Trésor américain, le plus fort emprunteur du monde – il a emprunté plus de 1 300 milliards de dollars depuis dix ans –, va bientôt pouvoir commencer à se désendetter ou à prêter, voire les deux.

La croissance de l'économie des États-Unis présente une dernière qualité, sans aucun doute la plus précieuse pour les citoyens américains et, par extension, pour leurs représentants politiques : *elle s'inscrit dans les vies quotidiennes*. La vie en Amérique n'a jamais été aussi agréable. *Le rêve s'est démocratisé en devenant réalité.* La qualité de la vie sociale s'affirme dans tous les domaines – et d'abord dans celui de la santé. La durée de vie s'allonge pour chacun. L'espérance de vie à la naissance atteint aujourd'hui 76 ans ; elle n'était que de 54 pour ceux qui sont nés dans les années d'après-guerre. Le taux de mortalité décroît tout aussi régulièrement. L'occurrence du cancer, qui avait crû de 1,2 % par an de 1973 à 1990, baisse depuis cette date de 1 % par an. La mortalité de ceux qui en sont atteints diminue pour tous les cancers (sauf ceux de la peau). La même amélioration se constate pour les décès d'origine cardiaque, qui ont chuté de 3,4 % en 1996.

Les deux causes de cette victoire progressive sur la maladie et la mort sont les avancées du progrès médical et le comportement des citoyens (abandon du tabac et adoption de régimes diététiques, notamment). Et il est remarquable que ces résultats aient été obtenus sans progression rapide des dépenses de santé. Quelles que soient les incommodités qui ont accompagné les programmes de contrôle de ces dépenses (attentes, préaccords bureaucratiques), le système de santé américain apparaît, d'un point de vue général, comme l'un des meilleurs des pays à niveau de développement comparable.

Le progrès de la qualité de vie est tout aussi sensible en matière de sécurité publique et privée. Les accidents sous toutes leurs formes décroissent régulièrement depuis dix ans. Les décès dus aux accidents de la route ont chuté de 12 % depuis 1985 ; les accidents du travail ayant entraîné la mort sont passés de 11 600 en 1985 à 6 218 en 1997. Le nombre de destructions de bâtiments pour cause d'incendie, qui s'élevait à 3 millions en 1980, a chuté à

2 millions en 1996 ; la réduction des décès pour cette même cause a été encore plus nette : de plus de moitié. Comme en matière de santé, cette amélioration est le fruit d'un progrès technique et d'un changement notable des comportements : baisse du prix réel, meilleures voitures, mieux équipées, mais aussi lutte contre l'alcoolisme au volant par prévention et punition annoncée.

Mais c'est encore dans le *domaine de l'insécurité publique* que les progrès ont été les plus spectaculaires. Le taux des homicides a diminué de 20 % entre 1990 et aujourd'hui, où il atteint son plus bas niveau depuis trente ans. En 1980, on dénombrait deux meurtres par jour à Brooklyn ; en mars dernier, on y a enregistré la première semaine sans homicide depuis une génération ! Le même mouvement s'observe pour les délits, vols, escroqueries et autres agressions, et surtout pour l'addiction aux stupéfiants, en particulier au crack.

Étant donné l'ampleur prise par les phénomènes d'insécurité dans de nombreuses sociétés, développées ou non, les raisons de l'amélioration de la sécurité publique aux États-Unis valent d'être identifiées, ce qui est d'ailleurs assez aisé : d'abord la quasi-disparition du chômage ; ensuite, les campagnes répétées contre la détention d'armes, et surtout la conjugaison d'une répression judiciaire redoublée (près de deux millions d'Américains sont désormais incarcérés, soit plus du double d'il y a dix ans) et d'une modification très nette du comportement des nouvelles générations (effet dit « du jeune frère ») qui refusent de plus en plus l'usage de tous les stupéfiants (alcool et drogues notamment).

Il convient enfin[1] d'accorder à la politique écologique sa part dans une qualité de vie de plus en plus jugée à l'aune des relations nouées avec la nature et les autres espèces vivantes. Les initiatives des États locaux, plus encore que du gouvernement fédéral, ont fait chuter de 30 % l'occurrence du brouillard urbain, et de 70 % la pollution atmosphérique des grandes villes et des conurbations ; les pluies acides ont diminué de 40 % ; les émissions toxiques d'origine industrielle, de moitié ; la surface des forêts a recommencé à

1. Sur tous les aspects de l'évolution de la qualité de vie aux États-Unis, voir Gregg Easterbook, « America the OK », in *The New Republic*, 4 et 11 janvier 1998.

croître. Les espèces animales menacées prolifèrent à nouveau à la suite de l'*Endangered Species Act*. L'action politique, associée à une évolution du processus de production industrielle réclamant moins de matières premières et d'énergie, commence à avoir raison d'à peu près tous les dommages créés à l'environnement naturel par l'industrie.

On ne saurait s'étonner que cet ensemble de contributions à la qualité de la vie sociale trouve des prolongements jusque dans l'intimité de la vie sentimentale et familiale. Le taux des divorces, qui a culminé en 1981, décline lentement depuis. L'intégration sociale, notamment des Noirs, progresse. En 1996, le taux des diplômés noirs des *high-schools* devient égal à celui des Blancs. Le taux des suicides, en particulier chez les adolescents, a fortement diminué. La société américaine vit dans un pragmatisme conquérant.

En dépit de quelques réfractaires à une « pensée unique » qui d'ailleurs se pense de moins en moins, l'Amérique vit une époque dépeuplée de romantiques et d'idéologues, encore plus de révolutionnaires. Seule menace virtuelle : un ennui tenu pour l'heure à distance par un contentement qui devient narcissique et par des amuseurs de plus en plus professionnels. Le miracle reconnu pourrait marquer l'entrée dans un nouvel âge où l'amélioration du confort deviendrait permanente et étendue – messianisme oblige – à l'ensemble du monde. Les Nations unies estiment qu'il suffirait de 40 milliards de dollars chaque année pour dispenser à chaque être humain sur la planète ses moyens d'existence de base : nourriture, eau pure, santé, abri, enseignement de l'écriture et de la lecture. G. Easterbrook note qu'il n'en coûterait à chaque citoyen américain que 151 dollars par an, soit 0,5 % de son revenu annuel moyen : autant dire rien...

Les voix discordantes se font de plus en plus rares. Même un homme aussi avisé que M. Greenspan, ci-devant président du Système fédéral de réserve, autrement dit de la Banque centrale, commence à flirter avec cette vision irénique d'une société américaine modèle pour elle-même et pour un monde qu'elle peut désormais régir à sa volonté, étant donné le quasi-monopole du « gros bâton » militaire qui lui assure l'impunité dans le recours à toute violence armée.

***

Le pragmatisme des Américains est heureusement assez entier pour ne pas jeter un voile sur les aspects moins brillants de leur situation actuelle. *Trois préoccupations* demeurent, qui valent effectivement examen :

Croissance durable, certes, disparition des récessions, mais une *productivité stagnante qui se concilie mal avec la présentation habituelle d'une société dominée par la recherche et l'application des progrès scientifiques.*

Qualité de vie en progression, certes, mais dans une *inégalité sociale qui vaut constat*, puis réflexion.

Hyperdomination du monde, certes, mais pour *combien de temps et pour quoi faire* ?

2

L'ANÉMIE DE LA PRODUCTIVITÉ DU TRAVAIL

Cette situation miraculeuse, censée de surcroît ouvrir l'ère d'une « nouvelle économie » depuis quelques mois, a cependant quelques moins bons côtés, dont la stagnation de la productivité du travail est sans doute le plus mal ressenti. Que les inégalités sociales s'affirment et s'accusent, ne saurait étonner, ni donc susciter des réactions unanimement négatives. Au contraire ! En revanche, la société humaine la plus favorable à la « science » et à tous ses avantages, la plus fière de l'avancement des connaissances, ne peut accepter sans s'interroger (les Américains ne partagent pas la tendance très française à ne point soulever les questions embarrassantes) que la productivité de « son » travail reste étale depuis bientôt une génération.

Pourtant, cette stagnation ne fait aucun doute, quelles que soient ses mesures[1]. Si l'on compare les taux de croissance de la productivité du travail aux États-Unis depuis la fin de la Seconde Guerre mondiale, en prenant bien soin de le faire pour chacun des sept « cycles » connus depuis 1948, le constat est d'une clarté, hélas, aveuglante : ce taux fut de 3,3 % jusqu'au début des années 1950 ; il se situe encore entre 2 et 3 % jusqu'en 1973, date à partir de laquelle il chute pour se maintenir « fermement » autour de 1 %.

La période « miraculeuse » demeure à cet égard conforme à la tendance du dernier quart de siècle. Que l'on date le début du

1. Inutile d'entrer dans les détails du débat presque incessant portant sur les mesures de la productivité du travail ou sur celle dite « des facteurs ». On pourra consulter sa dernière version *in* « Interview with Moses Abramovicz : What Economists don't know about Growth », in *Challenge*, janvier-février 1999, p. 81 *sqq*.

miracle à 1991 ou 1992 ne modifie pas le résultat : la productivité du travail est légèrement inférieure ou supérieure à 1 % entre 1991 et 1998, bien qu'elle se soit accrue ces deux dernières années, ce qui a fait naître chez certains thuriféraires du miracle le discours fondateur de la « nouvelle économie » qui, pour l'heure, relève plus d'une nouvelle espérance que d'un constat scientifique.

Les évolutions du salaire effectif et du revenu moyen par tête confirment celle de la productivité. Le rythme de croissance du salaire effectif moyen[1] a même été inférieur (0,6 %) durant les années 1990 à ce qu'il fut durant les années de stagnation (1,1 %) (qui se souvient encore du retentissement qu'eut la « découverte » de cette « nouvelle » ère ?), pour ne pas évoquer ici les rythmes de l'après-guerre (2 à 3 %). Quant à l'accroissement des revenus par tête, il aura été nettement plus faible depuis 1990 (1,8 %) que

1. Le salaire effectif moyen correspond à la notion anglo-saxonne de *compensation*. Il comprend les salaires directs, les retraites, les assurances médicales et les traitements et honoraires des secteurs privés non agricoles.

durant les reprises antérieures (aux alentours de 3 %[1]).

Il ne fait donc aucun doute que le miracle de la dernière décennie n'aura pas été celui d'un accroissement moyen spectaculaire – ni même conforme à la tendance à long terme – de la productivité du travail, pas plus que du salaire réel effectif et du revenu par tête qui lui sont étroitement associés dans le long terme. *Ce constat n'est pas nouveau, puisque la stagnation de la productivité du travail commence dès 1973, suscitant dès son apparition interrogations et réponses provisoires.*

Mais il pose aujourd'hui une question tout à fait nouvelle : *celle de la concomitance entre une productivité du travail quasi constante et l'amélioration tout aussi indiscutable de la qualité de vie (moyenne) des citoyens américains.* Quant « tout » stagnait, au cours des années 1970, rien d'étonnant à ce que la productivité du travail le fît aussi. Au bout de dix années qui font non sans raison crier au « miracle » et à la « nouvelle

1. OCDE, *Statistiques et perspectives 1960-1997*, 1998.

économie », comment se fait-il que cette productivité continue à ne pas croître ? Aucun diagnostic sur le contenu même du « miracle », et donc sur sa poursuite et son éventuelle exportation, ne peut s'élaborer si l'on n'apporte de réponse à cette question.

⁂

Au cours des années 1970, l'évolution décevante de la productivité du travail avait déjà reçu toute une variété d'explications, la plus rassurante consistant à insister sur la différence des effets de la Seconde Guerre mondiale sur les deux continents, européen et américain. Les États-Unis étaient condamnés à ne pas bénéficier du « rattrapage » auquel l'Europe, partiellement détruite, devait son exceptionnelle performance : une croissance annuelle durable de la productivité de 6 %, double de celle des États-Unis.

Mais, aujourd'hui, cet argument ne tient plus. Les avantages dont jouissaient les États-Unis au XIXe siècle – soit un continent vide et ouvert, des matières premières abondantes à faible coût (l'énergie en particulier), une main-d'œuvre variée apportée par l'immigration, donc peu regardante sur les conditions de travail (nécessité d'intégration oblige) – sont toujours présents, alors que l'Europe a rattrapé son retard et qu'elle investit désormais moins qu'eux. Pourtant, la productivité du travail croît dans les pays européens, en France notamment (2,2 % par an), à un rythme double de celui des États-Unis (0,9 % par an). *L'explication du « paradoxe de la productivité » réside donc en définitive ailleurs que dans le décalage historique ou dans la diversité des conditions de la croissance entre les deux continents. Elle est bien domestique, interne à l'économie et, sans doute, à la société américaine.*

Ce type d'explication est néanmoins trop absolutoire pour ne pas avoir été suspecté de recéler quelque indulgence envers soi-même. Il est aussi trop synthétique, au moins en première analyse, pour emporter d'emblée l'adhésion. La productivité du travail est un rapport entre un numérateur (la production) et un dénominateur (le travail). Sa variation est donc due à la différence entre le rythme d'évolution du travail et celui de la production, qui n'ont pas lieu de répondre à des causes identiques. Au contraire, souvent...

Des bourreaux de travail ?

Examinons donc d'abord l'évolution du travail[1] aux États-Unis, notamment au cours de ces dix dernières années. Étonnement assuré, sans doute, chez ceux qui donnent son contenu sémantique normal au mot « miracle », à considérer que les Américains auront en moyenne *travaillé nettement plus en 1996 qu'au début de la reprise, en 1989*, et ce, de deux façons : *en se mettant au travail pour certains, et, pour tous les autres, en travaillant davantage !* Entre 1991 et 1997, la population active s'accroît de *10 millions*, soit l'équivalent de *40 %* de la population active française. En pourcentage de la population en âge de travailler, la population active américaine s'accroît de 1,5 % (passant de 76,2 à 77,5 %). Dans le même temps,

1. Economic Policy Institute Book, « The State of Working America », in *Executive Summary*, pp. 7-24.

ceux qui travaillaient déjà se mettent à travailler plus : *le nombre annuel d'heures de travail des membres d'une famille représentative de la classe moyenne – près de 70 % de la population – passe de 3 550 à 3 685 heures entre ces deux dates, soit une augmentation de 3,8 %.*

Cette curieuse progression – pour des participants à un « miracle » – mérite de nombreuses précisions.

D'abord, elle s'inscrit dans une évolution à beaucoup plus long terme dont on n'a pas conscience en Europe. En 1979, le même couple ne travaillait que 3 236 heures, soit 449 heures de moins qu'aujourd'hui *(soit près de treize de nos semaines de 35 heures : presque trois mois de moins !).* Le nombre annuel d'heures de travail fournies par la famille représentative s'accroît encore de 247 heures jusqu'en 1996, date à laquelle il atteint 3 851[1]. Bond d'autant plus... miraculeux que ces deux dernières années, 1997 et 1998, l'augmentation ne paraît pas marquer le pas.

1. *Ibid.*, p. 8.

Ensuite, cette augmentation de la durée du travail familial est surtout le fait des femmes. Pour les sept dernières années (1989-1996), les hommes ne contribuent que pour environ 10 % à cette croissance, soit 20 heures supplémentaires sur 135, si bien que leur durée annuelle de travail ne se modifie guère (de 2 207 à 2 227) ; les femmes assurent le reste, soit 116 heures de travail supplémentaires, ce qui correspond à un très net surcroît de travail (de 1 342 à 1 458). L'écart de la durée du travail entre hommes et femmes tient évidemment à ce que le taux d'activité des mères de famille *(wives)* est inférieur de près de moitié à celui des hommes. L'augmentation de la durée moyenne du travail des femmes doit principalement à la hausse de leur taux d'activité dont nous verrons qu'il ne concerne pas seulement les mères de famille à revenu faible ou moyen[1].

Enfin, cette évolution a fait des États-Unis la nation où la durée du travail, évoluant à contre-courant, *est désormais la plus élevée par rapport à celles des autres pays à niveau*

1. *Ibid.*, p. 17.

de développement comparable. Que l'on considère le travail familial ou individuel, cette durée est très supérieure à ce qu'elle est en France, au Royaume-Uni ou en Allemagne, pour ne prendre que ces références.

Qu'est-ce donc qui pousse les Américains à travailler davantage alors qu'ils vivent dans des conditions « miraculeuses » ? Serait-ce qu'ils ouvriraient la voie à une ère vraiment nouvelle où le bonheur individuel réside dans le travail, et seraient-ils tous devenus masochistes ?

La réponse qui s'impose est plus prosaïque : *si les Américains travaillent de plus en plus, c'est tout simplement pour conserver leur niveau de vie. Ils accroissent leur nombre d'heures de travail pour compenser la baisse de leurs salaires réels.*

La diminution du salaire horaire aux États-Unis est un phénomène à long terme qui a commencé en 1973 et s'est poursuivi durant les années 1990. *Le salaire réel moyen masculin a baissé de 0,9 % par an entre 1989 et 1997. Il est plus faible en 1997 qu'en 1980*[1] pour quatre salariés sur cinq. Le

1. *Ibid.*

salaire horaire féminin, qui avait augmenté de 0,8 % durant les années 1980, est devenu constant depuis le début des années 1990. L'addition du salaire indirect modifie peu le tableau : « tous avantages compris », la moyenne de tous les salaires a chuté de 4,2 % entre ces deux dates (de 7,8 % pour les hommes). Cette évolution des salaires est d'autant plus étonnante si on la compare à celle de la productivité qui, elle, aura augmenté de quelque 9 % entre ces deux dates. *Le différentiel entre l'évolution des salaires réels masculins et celle de la productivité s'élève donc à près de 17 % en huit ans, soit plus de 2 % par an.* Considéré sous un certain angle, il s'agit bien d'un « miracle » !

On voit donc très clairement la raison principale de l'accroissement de la durée du travail, en même temps que la cause majeure de la stagnation récente de la productivité du travail : l'Américain moyen, ou plutôt *la famille américaine moyenne, n'a pu maintenir son niveau de vie qu'en accroissant son taux d'activité et/ou ses heures de travail. L'effet revenu a joué :* la baisse des salaires a provoqué l'augmentation de la quantité de travail, laquelle s'est surtout traduite par l'emploi d'un nombre croissant de femmes durant les années 1970 et 1980, encouragé par l'émancipation féministe, puis (actuelle décennie) par une augmentation de leurs heures de travail engendrée par le désir de maintenir le *standing* familial.

L'évolution particulière des deux dernières années – 1997 et 1998 – trouve une explication, qui n'a rien d'irénique, dans le fait que cette « soupape féminine » commence à épuiser ses effets, si bien que les salaires ont commencé à augmenter davantage – mais pour combien de temps ? et avec quelles conséquences, si tel est le cas, notamment s'ils recommencent à augmenter davantage que la productivité, rattrapant ainsi le terrain régulièrement perdu depuis près de trente ans ?...

L'interrogation se déplace alors de la faiblesse de la productivité à l'évolution de l'écart entre salaire réel et productivité. *Pourquoi donc a-t-on assisté à une baisse des salaires réels des familles américaines « moyennes » ? Et – variante de la même interrogation – pourquoi n'ont-elles même pas eu droit, en dépit de leurs efforts de plus en plus intenses, à une hausse de « leur » produc-*

tivité ? Avec en arrière-plan une dernière question qui se précise : pourquoi appeler pareille conjoncture un miracle ?

Pour s'en tenir à l'explication de la baisse récente des salaires réels (et de leur stagnation depuis plus de trois cycles, soit une génération), force est de reconnaître d'emblée qu'il n'y a pas là de cause unique, mais bien un faisceau de causes dont il est bien difficile de pondérer l'importance respective.

Commençons par exclure deux causes plausibles : l'*une* serait l'amélioration de la *qualité* du travail, entendons : sa sécurité, sa régularité et l'intérêt qui s'y attache. On songe aux trois qualités de Fourier : la composite, la cabaliste et la papillonne[1]. Or, c'est tout le contraire qui advient, puisqu'on assiste depuis vingt ans à la montée de la précarité. Entre 1980 et 1990, la proportion des emplois occupés depuis plus de dix ans

1. On sait que Fourier soutenait que tout travail serait finalement agréable s'il était fait de plusieurs activités (la composite), si chacune de ces activités n'était pas exercée très longtemps (la papillonne) et s'il n'impliquait pas une qualification difficile à connaître de l'extérieur (la cabaliste).

par la même personne diminue. Les licenciements ont augmenté durant la récession plus qu'ils n'avaient l'habitude de le faire. En 1997, 30 % des emplois n'étaient pas réguliers à temps plein, et *les emplois occupés après intervention des agences de travail temporaire ont quasiment doublé en valeur relative (de 1,4 à 2,3 %) entre 1989 et 1997*. Bref, *les conditions de travail ont toutes empiré*. La précarité – pour ne pas user du terme incongru de « flexibilité » – s'est sensiblement accrue, ce qui ne fait qu'amplifier l'effet revenu. *Pour conserver son revenu, l'Américain moyen a travaillé davantage et a accepté de surcroît des conditions de travail nettement dégradées.*

L'autre cause parfois évoquée serait l'abondance d'une offre de travail insuffisamment qualifié, donc inadapté à ce qu'est censé requérir un progrès technique débordant, notamment dans le domaine de l'ordinatique au sens large du terme. Il y aurait eu trop de travailleurs sans compétences spécifiques et, surtout, pas assez de personnel capable de s'intégrer à la révolution technique dite de la « nouvelle économie ».

Une telle hypothèse ne tient pas plus que la précédente : les années 1990 n'auront pas été vraiment favorables au travail hautement qualifié et aux diplômés des universités, en particulier pour ce qui est des jeunes. Au contraire : les diplômés dans les domaines scientifique et technique gagnent en 1997 moins que leurs homologues en 1989 ; même les salaires de ceux qui se sont spécialisés en informatique stagnent.

Plus généralement, la situation des fameux « emplois en col blanc » s'est nettement dégradée au cours de cette décennie. Les rémunérations au premier emploi ont baissé de près de 10 %, les chutes de salaires les plus notables ayant concerné ceux des jeunes entrants. Entre 1989 et 1997, le salaire horaire des hommes ayant un diplôme du niveau de la *high school* et cinq ans d'expérience professionnelle a baissé de 7,4 % (6,4 % pour les femmes). Les rémunérations des titulaires d'un diplôme d'enseignement secondaire ont connu à peu près la même diminution. *En fait, les conditions de leur activité se sont détériorées au point que l'on évoque désormais leur* « blue-collarization ». Les preuves de cette assimilation, qu'en d'autres temps et lieux (l'Europe), on aura appelée « prolétarisation » sont patentes. Il est même fort possible que l'on en vienne un jour à considérer cette décennie comme celle où la distinction entre les deux types de « cols » aura disparu, faute de différenciation entre leur couleur dont il est peu probable qu'elle vire au rose.

Ces deux causes plausibles définitivement écartées, demeure le faisceau de celles dont la conjugaison aura provoqué une baisse des salaires réels – une fois encore « en moyenne ». *Trois sont indiscutables*, sans que l'on puisse suivre les yeux fermés ceux qui leur attribuent une importance relative précise.

D'abord, la lente érosion du pouvoir de négociation des syndicats, qui s'est accélérée au cours de ces dernières années comme dans tous les pays développés, en particulier en France, phénomène qu'on ne saurait dissocier des deux autres raisons de la stagnation de la productivité et des revenus salariaux. Cet affaiblissement est intimement lié (et pour cause : n'en était-il pas l'un des objectifs essentiels ?) au retour du libéralisme thatchéro-reaganien, et d'ailleurs tout à fait conforme au cœur d'une idéologie libérale qui se méfie de tous les pouvoirs « collectifs », États et syndicats notamment. La « dérégulation », les privatisations, et, pour finir, l'intensification de la concurrence internationale : autant de facteurs qui ont concouru à rogner effectivement le rôle des institutions de la régulation dite « hors marché », à l'avantage des « mains invisibles ».

Ensuite, les effets de l'immigration d'une population peu qualifiée qui, comme en France (autre analogie entre ces deux « pays »), a, par la concurrence, exercé une pression sinon à la baisse, du moins à la contention des niveaux de salaire correspondant à ces emplois. De la floraison des études économétriques qui ont essayé de préciser l'intensité de cet effet, il convient de retenir au moins deux conclusions. *L'une* est qu'une augmentation de 10 % de l'offre de travail immigré exerce sur le niveau des salaires une pression à la baisse de 3 %[1].

1. D.S. Hamermesh, *Labor Demand*, Princeton University Press, 1993.

Ainsi peut-on constater que les salaires des *natives* ont subi la plus forte pression à la baisse dans les régions où la proportion des immigrés est la plus forte[1], et qu'ils y sont désormais nettement moins élevés qu'ailleurs. *La seconde, encore plus convaincante*, conclut au fait que les effets négatifs de l'immigration de travailleurs peu qualifiés sont particulièrement prononcés pour les jeunes autochtones, notamment ceux qui ont interrompu leurs études. Plus récemment, Smith et Edmonston[2] sont parvenus à mesurer avec précision l'ensemble des effets directs et indirects de cette immigration dans le long terme, et ont établi que l'intégration « économique » des immigrés demande environ une génération. Entre-temps, les flux migratoires des *natives* entre régions ou États américains apportent aux différences de salaires régionales dues à l'immigration

1. J. Altonji et D. Card, *The Effects of Immigration on the Labor Market Outcomes of Natives*, NBER, Working paper n° 3123 (1989).

2. B. Edmonston et J.P. Smith, *The New Americans : Economic, Demographic and Fiscal Effects of Immigration*, National Academy Press, 1997.

une réponse à l'américaine : la mobilité du travail.

Certains commentateurs[1] attribuent à l'effacement syndical un tiers de la stagnation des salaires (et de leurs inégalités), et à l'immigration quelque 10 % (concentrés sur les bas salaires). Resterait donc plus de la moitié des « causes » à dénoncer, que l'on trouve aisément dans les conséquences sur le marché du travail, de la rapidité avec laquelle les États-Unis ont modifié ces dernières années *la structure de leur appareil productif à l'avantage des services et au détriment de l'industrie.* L'une d'elles concerne directement le taux des salaires : il s'agit de la prolifération, amorcée dès Reagan au début des années 1980, des activités de service à faible qualification, notamment de ces *services d'intendance pure* n'impliquant guère d'investissement mais un temps de présence fixe et une activité à contenu essentiellement musculaire – énergétique, si l'on préfère (serveurs/ses, concierges, vendeurs/ses, gardiennage, personnel de santé

1. *The State of Working America*, *op. cit.*, pp. 18-19.

non qualifié) –, qui ont alimenté la littérature sur les *bad jobs*, voici plus de vingt ans, et provoquèrent chez nous la démission d'un de nos ministres qui avait jugé ces activités « stupides »...

Ce mouvement de marchandisation d'activités exercées naguère dans le cadre de la famille ou d'autres institutions s'est poursuivi au cours de ces dix dernières années et ne s'interrompra pas de sitôt. Il fut et demeure le pourvoyeur essentiel d'emplois ne demandant aucune qualification précise, donc peu de formation préalable, pour lesquels la concurrence est la plus intense, en particulier lorsqu'il n'existe pas de plancher au salaire (en France, le Smic) ou de plancher à l'exclusion (en France, le RMI). Or, le second plancher est inconnu aux États-Unis et le premier suffisamment bas (bien qu'augmenté à plusieurs reprises depuis 1990) pour *ne pas dissuader d'accepter un salaire horaire qui est désormais très inférieur dans le pays « miraculé » à ce qu'il est chez nous*. Aussi ne doit-on pas s'étonner de voir – conformément à la bonne vieille mais toujours jeune vision « classique » des marchés – que la diminution du chômage s'est accompagnée de la baisse des salaires correspondant à ces emplois, et a donc apporté un concours appréciable à la stagnation du salaire moyen.

Si ces « emplois » contribuent massivement à la réduction du chômage, ils ne sauraient pour autant être considérés comme les artisans du « miracle ». De tout autres emplois sont en revanche au cœur de ce dernier, qui obligent à s'intéresser non plus au dénominateur, mais au numérateur de la productivité du travail, autrement dit à *l'évolution de la production* et non plus à celles de la population active, de son effort et de sa rémunération.

Productivité du travail et activités nouvelles

La productivité du travail est un quotient, ce qui a toujours rendu délicate et quelque peu « engagée » l'interprétation de son évolution, d'autant plus qu'il existe une relation évidente, positive mais fluctuante à court comme à long terme, entre son numérateur (la production) et son dénominateur (le travail). Dans une intuition toujours pas (ou mal) jugée jusqu'ici, Keynes alla jusqu'à définir et évaluer le produit national directement en emplois ou en heures de travail. Son second mouvement fut de retenir *plutôt* comme mesure de ce produit la somme des quantités de biens produits pondérées par leur prix de marché, ce qui permit en moins d'un demi-siècle à la Comptabilité nationale d'envahir le champ mondial (non sans quelques approximations, au demeurant). Pour Keynes, dans son premier mouvement, la productivité du travail est constante. Position justifiée dans le court terme, qui était son horizon. *À plus long terme, l'évolution de cette productivité ne fait que révéler la nature de la relation production/emploi, à supposer que les définitions et les conventions de mesure de ces deux termes ne soient pas modifiées.*

Disons-le d'emblée, ces deux attitudes sont parfaitement légitimes dans le monde industriel qui est celui des premiers classiques (de Smith, Ricardo et Marx) et qui est encore celui de Keynes. L'ouvrier travaille tant d'heures sur la chaîne, dont il sort tant de biens matériels, qui auront presque toujours un prix. La division entre ces deux nombres donne effectivement un quotient fort significatif, révélateur à nul autre pareil de l'incorporation des progrès techniques, de la vitesse de l'accumulation et de l'augmentation continue du confort.

Quelques difficultés se font pourtant jour dès l'origine de ces mesures, et d'abord celle de la production non marchande, celle qui ne donne pas lieu à vente sur un marché et qui donc n'a pas de prix. L'activité féminine au sein du foyer devint vite l'exemple le plus souvent avancé du caractère conventionnel des mesures de la production et de la productivité. L'évaluation virtuelle du travail féminin eût, voilà cinquante ans, multiplié par deux le produit national et diminué quelque peu la productivité du travail. Mais, après tout, pourquoi ne pas laisser en paix une convention tacite qui était que « tout travail qui n'a pas de rémunération n'est pas un travail », conclusion un peu forcée à laquelle était parvenue Malthus avec son célèbre exemple du « siffleur », sur lequel nous reviendrons...

L'ennui, pour ladite convention, est non seulement que les femmes, en s'émancipant, sont entrées dans le monde du travail marchand, quelquefois en occupant des activités très voisines de celles dont elles s'acquittaient gratuitement une génération auparavant, mais que ce mouvement est allé en se généralisant. Aux activités de production de biens matériels se sont ajoutées toutes celles destinées à les transporter, à les commercialiser et à les réparer, voire à les transformer. Puis, à ces activités dont la matière, donc l'énergie, était le support et le centre d'intérêt, se sont assez brutalement ajoutées des activités ayant, comme il est normal, les mêmes branches (production, distribution, etc.), mais non plus les mêmes supports, ceux-ci n'étant plus des biens matériels, mais des biens immatériels, de l'information, autrement dit de la connaissance à produire, à distribuer, à stocker, etc. Or ces nouvelles activités présentaient encore plus que leurs aînées des particularités telles que la convention traditionnelle de leur évaluation voyait s'accuser ses défauts.

La période que viennent de traverser les États-Unis devrait conduire à une inévitable reconstruction de la Comptabilité nationale keynésienne née à la fin de l'ère industrielle. Comme chacun sait, les économistes arrivent toujours en avance ou en retard. Entre-temps, les hommes politiques veillent à ne rien bousculer, voire à ne rien changer, ce qui est très souvent la meilleure tactique dans nos démocraties pour être réélu. Malthus est venu trop tôt ; Keynes, sans doute trop tard (pour aujourd'hui, non pour hier). Les raisons de son déclassement en ce domaine tiennent à ce que l'industrie finit naturellement – et non de façon révolutionnaire – par donner naissance à une floraison d'activités de services. Aux États-Unis, laboratoire avancé de l'évolution, entre 1982 et 1988, les emplois créés étaient pour 12 % d'entre eux des emplois industriels ; entre 1991 et 1997, ceux-ci n'ont plus atteint que 7 % du total[1]. Comme il n'est plus de création d'emplois dans l'agriculture et les mines (le « vieux » secteur dit primaire), *la quasi-totalité des nouveaux emplois du « miracle »*

1. G. Horn, « L'emploi américain : une croissance miraculeuse », in *Problèmes économiques*, 26 août 1998.

(1991-1997) ont été des emplois dits de services. Les « services » ont compté pour 93 % des 18 millions d'emplois créés entre 1990 et 1998. Le sens de l'évolution est net, certain ; il ne fait que refléter la raison d'être de l'industrie : incorporer la science et la technologie dans l'aménagement de la nature environnante de façon que le « travail » musculaire diminue, que la production proprement dite des biens finisse par devenir automatique, que les activités humaines soient de communication et non plus de production, mettant en mouvement le neurone et non plus le muscle. *Sans doute, lors d'une prochaine expansion économique – à supposer que le « miracle » actuel ne prenne pas fin un jour – les emplois industriels nouveaux auront-ils disparu. Tous seront dans les services.*

Encore faudra-t-il alors les distinguer avec, si possible, autant de soin qu'il en fut consenti pour dissocier l'activité de l'industrie en secteurs ou branches dont la spécificité a été poussée fort loin et dont le Tableau d'échanges interindustriels de Leontieff fournit les interrelations[1]. En matière de

1. Le déclassement de Leontieff, lui, est sans appel !

services, les dissociations restent purement descriptives. Le terme même demeure imprécis. Ainsi, le Bureau of Labor Statistics vient de préciser la nature des emplois non agricoles créés entre 1990 et 1998. Une petite minorité correspond à des emplois dits industriels de production de biens matériels (4,9 %). Tous les autres (95,1 %) sont dits producteurs de services (*service producers*). Parmi eux, on peut noter environ 22 % d'emplois dits de commerce, 4,6 % de transport, 20,2 % de prestations rendues aux entreprises, 10,8 % de santé, auxquels s'ajoutent 5 % dans les services sociaux. Les services éducatifs (hors État) n'en représentent que 3 %[1]. De telles dissociations sont de peu d'usage pour procéder à des mesures significatives de la productivité du travail. De ce point de vue, il convient plutôt de distinguer trois grands types de services :

Son Tableau était, voilà trente ans, l'objet de soins constants, à la mesure de l'admiration qu'il suscitait. Aujourd'hui, personne n'en parle ni ne l'utilise plus.

1. Pour plus de détails, voir Bureau of Labor Statistics, *Employment and Earnings*, 1998.

Le premier type comprend toutes les activités qui, sans être de production, assurent *l'indispensable intendance des biens matériels*, qu'il s'agisse de les transporter, de les distribuer, de les déplacer ou de les réparer. Toutes ces activités ont plusieurs points communs : elles se focalisent sur des biens matériels ; elles font appel à de l'énergie, comme il convient dès lors que la matière est concernée ; elles utilisent d'autres biens pour y parvenir. Le travail humain y est toujours associé à un « capital » physique. En cela, ces activités sont non seulement complémentaires de celles de la production dite industrielle, mais aussi de même nature, ne faisant que les prolonger dans le temps et l'espace. Elles obéissent à une même logique et pourraient être « consolidées » avec les activités industrielles si le sens même du terme « production » ne s'arrêtait pas à la sortie de l'usine, mais couvrait jusqu'à l'installation des biens matériels sur leur site d'utilisation. Ces activités obéissent à la même logique que l'industrie au sens restreint du terme, les services d'intendance matérielle utilisant en effet travail, capital et énergie. Leurs techniques évoluent, souvent à la suite de progrès qui concernent aussi la production. Bref, la notion traditionnelle de productivité du travail et du capital leur est applicable. *Si la tonne de tel matériau ou l'exemplaire de tel bien d'usage demandent, pour être transportés ou distribués ou réparés, deux fois moins de temps qu'« avant », c'est bien que la productivité du travail qui s'y emploie a doublé. Si celle-ci n'augmente que de 1 %, c'est que les techniques utilisées dans l'intendance des biens matériels auront peu évolué.*

Le recours aux statistiques actuelles ne permet pas d'évaluer avec précision l'importance de ces services dans le produit national ni dans l'emploi. Un examen sommaire donne à penser qu'ils sont encore très importants (le tiers des emplois non industriels ?) ; mais il *ne fait pas de doute que cette importance diminue au profit des activités qui assurent non l'intendance des « choses », mais celle des êtres ; non des biens, mais des personnes.*

Les services rendus *aux personnes* sont de deux sortes selon qu'ils s'occupent de leur corps ou de leur esprit. C'est le corps qui a fait historiquement l'objet des premiers soins marchands. Les sorciers et autres guérisseurs ont précédé le précepteur et le prêtre. Aujourd'hui, les activités consacrées à la santé sont devenues les plus demandées ; leur croissance est privilégiée. Aux États-Unis, les dépenses de santé constituent 14 % du Produit national, et elles progressent partout dans le monde. Qui ne souhaiterait pas guérir, ne pas mourir – ou le plus tard possible ? Aussi les emplois correspondants n'ont-ils cessé, cette dernière décennie, de croître plus que les autres.

Mais, pour n'évoquer que ces emplois de santé, on n'a aucun mal à montrer qu'en ce domaine, la notion traditionnelle de productivité du travail perd de sa légitimité – et sa mesure, de sa signification. Le travail de santé (personnel médical ou hospitalier, etc.) est aisé à mesurer en quantité et en rémunérations, comme le sont en coûts les équipements et autres médicaments que ceux-ci utilisent. Le *hic* se situe du côté de la production. Ces activités ont pour but de produire de la vie (allongement de sa durée) et d'améliorer sa qualité (diminution du taux d'invalidité, du handicap, etc.). *Or cette production n'est pas évaluée ; elle n'est que constatée, sans être mesurée.* Il n'est donc pas de mesure de la productivité de ce travail sans une évaluation de ses résultats, c'est-à-dire les satisfactions que les individus éprouvent à vivre plus longtemps et en meilleure santé. Or rien de tel dans le Produit national, mais seulement les coûts des services de santé, salaires du personnel soignant, médicaments et utilisation du capital nécessaire aux soins (Bâtiments, Équipements...).

La mesure actuelle de la productivité de ces services – et d'à peu près tous ceux qui ont le corps pour point d'application – n'a plus rien à voir avec celle de la production industrielle et de l'intendance des biens. Elle n'est qu'*un indicateur de la gestion des institutions de santé*, d'ailleurs suspect – ou plutôt d'usage « à la petite semaine » – puisque le prix de ces soins échappe souvent à la « main invisible » du marché pour s'en remettre à la puissance publique, y compris aux États-Unis. Durant les années 1990, ceux-ci sont censés avoir connu une amélioration de la productivité de ces services non point par quelque évolution d'un prix de marché ou par amélioration patente de la gestion des hôpitaux et autres lieux de soins, mais à la suite des modifications apportées au « financement » de ces dépenses[1]. Cette mesure de la productivité ne concerne en rien ceux dont la santé s'améliore ou dont la vie est ainsi sauvée. Elle ne saurait avoir pour eux la moindre signification, pas plus que le fait de s'arrêter de fumer recèle une « productivité » probabilisable et non marchande[2].

Or ces services ne sont pas loin de représenter désormais plus de 40 % des emplois autrefois dits « tertiaires », et de leur croissance au cours de la dernière décennie. La

1. Ce sont les modifications intervenues dans le système de financement de ces dépenses qui expliquent que les prévisions de leur croissance ont été révisées à la baisse.

2. Le même raisonnement pourrait être appliqué aux soins apportés aux portefeuilles – évidents compléments du corps. La productivité palpable des gestionnaires de fortune réside dans les plus-values et autres revenus que leur gestion procure à leurs clients – non dans le nombre de clients ni dans le montant des fortunes traitées par l'employé moyen, ce dont la clientèle se fiche éperdument. Or ce sont les coûts des personnels et des quelques ordinateurs qu'ils utilisent – et qui doivent souvent être réparés – qui figurent comme « production » de ces entreprises dans la Comptabilité nationale !

variation de leur « productivité » n'est qu'un indicateur de gestion, elle ne désigne pas la rapidité avec laquelle se produisent et s'accumulent les éléments de vie et de confort que sont les biens matériels.

L'amélioration du système de santé aura élargi la marge de manœuvre de la politique de M. Greenspan en accélérant la disparition du déficit budgétaire : celle-ci n'aura pas eu de répercussions sur l'évolution d'une productivité du travail qui est de plus en plus celle des services. Au demeurant, ces services personnels ne sont pas associés au « miracle », encore moins à la naissance d'une « nouvelle ère » de l'économie américaine où les *arbres*, si chers aux financiers, pourraient enfin monter jusqu'aux cieux ! À en croire ses enthousiastes présentateurs, cette ère nouvelle devrait uniquement à la prolifération des services personnels qui *s'adressent à une partie bien particulière du corps : le cerveau.*

Les grands médias américains se sont lancés voilà moins de deux ans dans un discours d'une stupéfiante (?) homogénéité. K. Kelly décrit cette nouvelle ère comme un « soulèvement tectonique » provoqué par deux big-bangs : la miniaturisation des composants électroniques au bas de la chaîne d'information, et la communication binaire qui assure à partir d'une machinerie de plus en plus sophistiquée la circulation de tous les messages sans distinction : le fameux « multimédia ». Pour cet éditorialiste évidemment câblé de *Wired Magazine*, « les vieilles lois de la richesse (et de la production) sont désormais obsolètes ». S'il fait dans la parabole de *Scarface*, le rédacteur en chef de *Business Week*, S. Shepard, présente ladite révolution comme la « balle magique » qui nous permettra de retrouver la croissance de l'après-guerre : 3 à 4 %, accompagnée d'une croissance de la productivité encore plus élevée (6 %), le tout évidemment sans inflation, ce qui, en passant, « laissera les analyses économiques traditionnelles définitivement incapables d'expliquer ce qui se passe, elles qui ont été trop longtemps mariées à des statistiques et à des modèles *fêlés* » (traduction volontairement littérale).

Internet : le nouveau Messie

Cette annonciation d'un Nouvel Âge économique qui, bien entendu, finirait par s'étendre à l'ensemble de la planète, en passant par l'Europe et donc par la France, se légitime en deux versets.

Le premier, évidemment le plus écouté, tant il fait rêver, commence par réciter la saga des entrepreneurs comblés par cette révolution de la communication : Bill Gates, avec ses milliards de dollars à quelque quarante ans, est le messie le plus indiqué, d'autant plus qu'il assure personnellement la publicité de son passé. Comment expliquer son exceptionnelle bonne fortune, sinon en insistant sur l'accélération de la loi de Moore, telle que la densité des informations contenues dans un seul transistor double tous les dix-huit mois, sinon en parant cette expansion de la communication potentielle et effective entre les êtres humains – dont Internet est aujourd'hui le réseau le plus développé – de toutes les capacités d'un nouveau *leading sector*, tels que le furent l'acier et le textile à la fin du XVIIIe siècle, les chemins de fer au milieu du XIXe, l'électricité et l'automobile au début du XXe, l'atome en son milieu ?

Et voici le *second verset* : quelles forces révolutionnaires ne pourrait-on pas prêter à ce secteur de la communication qui nous échoit après que nous avons atteint un niveau d'industrialisation élevé nous assurant des biens matériels à faible coût ? Apprentissage rapide et gratuit du personnel, économie d'échelle comme au bon vieux temps des secteurs moteurs de l'industrie, diminution de tous les coûts dans l'interdépendance, et – nouveauté – ces fameux *tipping-points* à partir desquels tout nouvel entrant ayant dépassé une certaine part de marché est désormais inexpugnable.

En empêcheurs (mais si peu) de danser (rêver ?) en rond – il est vrai que leurs traitements ne sont pas indexés sur les tirages et autres audimats –, les universitaires[1] ne peuvent entendre ces versets sans rappeler

1. Les plus récentes critiques de cet aspect de la vision irénique de la nouvelle ère sont dues à Moses Abramovicz, « What Economists don't know about Growth », in *Challenge*, janvier-février 1999, et à J. Bradford De Long, « What New Economy ? », *W.Q.*, automne 1998.

quelques vérités historiques connues de tout néophyte dans l'étude de la croissance économique. Toutes ces vertus du secteur de la communication sont les plus usuelles qui aient jamais été. Tout secteur moteur a toujours présenté ces caractéristiques. Ce pour quoi d'ailleurs il est considéré comme moteur. L'électricité fut une fée censée « tout » transformer. Au cours des années 1920, la production automobile de masse annonçait un « monde nouveau », évidemment meilleur, et certains prônaient une « Amérique fordisée[1] ».

Les pèlerins qui se rendent aujourd'hui en groupes émerveillés à Silicon Valley devraient pourtant se rendre compte que la période héroïque des innovations du secteur de la communication est terminée. De ce point de vue, il n'est sans doute pas inutile d'évoquer très brièvement l'histoire d'Internet, ne serait-ce que pour rappeler la date et les circonstances de sa naissance. Internet est issu du réseau Aparnet, créé en 1968, donc voilà plus de trente ans, par le dépar-

1. J. Bradford De Long, *ibid.*, p. 18.

tement américain de la Défense pour relier ses centres de recherche. Ce n'est qu'en 1979 que des étudiants de Duke University (à Durham, Caroline du Nord) eurent l'idée de faire correspondre des ordinateurs pour échanger des informations scientifiques en temps réel et à moindre coût. Il a fallu attendre 1983 pour que l'Europe et le reste du monde se connectent à ce réseau de réseaux, lequel a relié dès 1995 plus de 2 millions d'ordinateurs et plus de 30 millions d'utilisateurs répartis dans 46 pays. Ce n'est qu'en 1994 qu'Internet « explose » et que l'on note l'afflux sur ce réseau de nouveaux services, de nouveaux produits, et surtout de nouveaux prestataires de services et de nouveaux utilisateurs. En moins de quatre ans, de 1994 à 1998, notamment avec le programme *Windows* vendu avec les ordinateurs Microsoft, ce réseau devient l'affaire des entreprises utilisatrices, puis, rapidement, des particuliers et des entreprises installés sur le réseau et qui y ouvrent, comme on dit désormais, des « portails ». Ainsi, avec Internet, le secteur de la communication est déjà entré dans sa phase de maturité[1], il a déjà épuisé une grande partie de ses performances – y compris de sa productivité – et va connaître un grand bouleversement des modalités de la concurrence dont il est aujourd'hui le siège. Aussi peut-on, sans paradoxe ni provocation, affirmer plutôt que l'ère « miraculeuse », loin d'être à venir, appartient déjà au passé, sans pour autant sous-estimer la poursuite de l'élévation du taux de croissance de ce secteur, la prolifération de biens de plus en plus différenciés qu'il va encore engendrer, et les péripéties notables que vont connaître les entreprises qui le peuplent, aujourd'hui et demain.

Ces péripéties devraient répondre aux deux caractéristiques – elles, résolument nouvelles – des activités de la communication qui expliquent l'évolution récente de la Bourse (elle aussi *new* : le Nasdaq) où se cotent les entreprises de ce secteur :

La première est qu'elles ne relèvent plus du

1. A. Cotta, « The Growth of the Sector of Production », in *Mélanges en l'honneur de M. Kalecki*, Varsovie, 1964. Dans le même sens, voir J. Bradford De Long, *op. cit.*, pp. 20-23.

tout de la notion traditionnelle de productivité. À dire vrai, ce constat était jusqu'ici officieux ; il tenait du non-dit, étant donné le domaine restreint des activités de communication, au moins jusqu'à l'avènement de la télévision. Ce domaine était même réduit à un tout petit « point » : celui de la chanson de Malthus aux beaux jours de l'industrie. On ne résistera pas ici au plaisir de citer le célèbre passage des *Principes* de Malthus, écrits en 1820, où, à propos des services personnels et de la valeur, ce visionnaire traite de la distinction entre travail productif et travail improductif et donne raison – à contrecœur, nous paraît-il – à Adam Smith, lequel entend réserver la notion de travail productif à celui qui est rémunéré, abstraction faite de toute autre considération :

« Si la peine qu'on se donne pour chanter une chanson, qu'elle soit payée ou non, est un travail productif, pourquoi les efforts qu'on fait pour rendre une conversation amusante et instructive, et qui offrent assurément un résultat bien plus intéressant, seraient-ils exclus du nombre des occupations productives... ? Il est vrai qu'on pourrait y comprendre de cette manière toutes les actions des individus de l'espèce humaine pendant tous les instants de leur vie[1]. »

Pourquoi donc ne pas adopter ce point de vue ? Pourquoi restreindre le sens du terme *productif* ? et à quoi le restreindre ?

Malthus n'a aucune envie d'une telle restriction et ne donne son accord à une réduction du travail productif au travail rémunéré, marchand, que pour une raison contingente, ou plutôt deux : l'une est que le travail rémunéré peut être mesuré ; l'autre est que, faute de s'en tenir là, on ne sait guère où s'arrêter, que tout devient travail, que l'économie politique devient toute la science sociale, et qu'il est préférable de lui définir un domaine restreint, certes, mais maîtrisable.

Cette raison de convenance, on ne peut plus pragmatique, ne le convainc pas sur le plan intellectuel, ainsi que le prouvent les justifications nombreuses et, au fond, inutiles, qui suivent :

---

1. R. Malthus, *Principes d'économie politique*, Zeller, 1984.

« Si, en regardant comme richesses les services personnels, nous n'avons pas égard à la nature de ce qu'ils produisent et ne faisons attention qu'au titre auquel ils ont été payés et à l'effet qui en résulte pour l'encouragement d'autres genres de richesses, dans ce cas, nous introduisons une considération nouvelle et étrangère qui n'a aucun rapport avec la production directe de la richesse[1]. »

Et, plus loin encore, ce passage dont on percevra d'emblée l'actualité et dont le caractère prémonitoire passera par-dessus les siècles :

« Monsieur Garnier, dans son excellente édition de *La Richesse des Nations*, trouve très singulier et très inconséquent qu'on regarde les instruments de musique comme des richesses et le travail de ceux qui les fabriquent comme productif, tandis que les sons harmonieux que ces instruments rendent, et qui sont le seul objet pour lequel ils ont été construits, ne sont point considérés de même ; et que les artistes, qui seuls peuvent en faire un usage convenable, sont appelés

1. *Ibid.*, p. 30.

ouvriers improductifs. Cependant, la différence qui existe entre les produits matériels et les produits immatériels justifie suffisamment cette distinction sous le rapport de la précision et de l'exactitude ; *et son utilité est d'une évidence frappante par la facilité qu'elle offre de donner une valeur positive aux instruments, tandis qu'il est absolument impossible d'en donner une semblable aux divers airs qu'on peut jouer sur eux*[1]. »

Jusqu'à l'apparition de la télévision, cette position de commodité – n'est travail que ce qui reçoit salaire – n'avait guère de conséquences sur la signification du Produit national ni sur celle de la productivité du travail. On pouvait très bien supposer, ainsi que l'a défendu M. Friedman, que le prix de la place de théâtre ou de celle de cinéma étant donné, le nombre de spectateurs, et par là la valeur ajoutée des entreprises de spectacle, évaluait la production, tandis que le cachet des acteurs et autres artisans des spectacles évaluait leur travail. Certes, il pouvait y avoir quelques déçus qui regrettaient d'avoir payé leur billet,

1. *Ibid.*, p. 35.

ou quelques enthousiastes de la représentation qui l'eussent volontiers payé plus cher (« rente » du consommateur), mais c'était bien le succès ou l'échec du spectacle qui, se manifestant dans le profit et la valeur ajoutée, faisait une productivité élevée ou faible – voire négative.

Avec la naissance, aux alentours de 1950, de la télévision, dont le réseau domine aujourd'hui la culture et la vie quotidienne du citoyen américain (et les nôtres), les services de communication changent de nature, et pas seulement, comme entre le théâtre et le cinéma, de degré. Alors que le téléspectateur américain ou autre passe devant son petit écran l'essentiel de son temps de loisir (ou d'inoccupation), il ne paie rien (ou si peu) pour recevoir les images du réseau télévisé. Ce réseau est un bien collectif ou public qui délivre gratuitement assez d'images pour que chacun y trouve bonheur ou distraction. Ainsi ces images ont une valeur nulle, puisque leur prix l'est. Et leur prolifération ne change rien au fait qu'elles ne figurent pas dans le Produit national. En revanche, y figurent les salaires et les éventuels profits de tous les participants à la vie du réseau : émetteurs, amuseurs, journalistes, enseignants, publicitaires... *Ainsi, tout « travailleur » sur le réseau, évidemment productif puisqu'il reçoit un salaire, accroît le dénominateur de la productivité du travail sans toucher au numérateur. Il la diminue donc.* Et ladite productivité sera d'autant plus diminuée que les images seront nombreuses et diverses. *Plus il y a de chaînes, plus le spectateur en est satisfait, et plus la productivité du travail dans le secteur de la télévision diminue !*

La raison de cet apparent paradoxe se trouvait déjà chez Malthus – si le chanteur est payé, en devenant productif il diminue la productivité de son travail – avant que Mancur Olson[1] ne s'intéresse à la logique de l'action collective. La télévision est un bien indivisible et collectif dont l'usage ne relève pas de l'analyse habituelle – il faut dire : industrielle – de la productivité[2].

---

1. Mancur Olson, *The Logic of Collective Action : Public Goods and the Theory of Groups*, Harvard University Press, 1971.

2. Sur cette notion de productivité du travail d'information, voir notre ouvrage *L'Homme au travail*, Fayard, 1987.

Avec la naissance du multimédia (la commutation binaire) et l'apparition du réseau Internet, on assiste à un changement de degré, et non plus de nature. Entre Internet et la télévision, il y a la même distance qu'entre le cinéma et le théâtre. Mais, entre ces deux couples, le progrès technique a changé le cours de l'information et sans doute, à moyen terme, le sort de quelques concepts fondamentaux de la théorie économique, et d'abord celui de *production*.

En attendant, Internet est indissociable du « miracle » de la décennie finissante. *Internet gît en son cœur, au sens somatique et sentimental du terme.* Les modes de vie (loisirs, distribution des biens matériels et immatériels, transports de ces derniers, communication sociale), mais aussi les répartitions des revenus et des fortunes, leur composition et leur croissance (Wall Street et Nasdaq) ont déjà été et continueront d'être bouleversés par ce tissu à la trame matérielle (satellites, stations d'émission et de réémission...) et aux innombrables fils de chaîne immatériels (le web). Comme pour la télévision, les consommateurs, après avoir réglé un péage, peuvent recevoir un monceau d'informations dont la plupart sont devenues aujourd'hui pour ainsi dire gratuites. Tout en continuant à calculer la productivité du travail selon les règles du temps de l'industrie : « Les comptables nationaux enlèvent 0,01 de la productivité du travail aux États-Unis pour chaque 0,01 % de la force de travail qui crée, maintient et étend le réseau mondial dit *the World wide Web*[1]. »

Il y a de surcroît, dans Internet, une exacerbation des caractéristiques de la production télévisée. Le bien collectif d'information (Internet) a ses traits particuliers, fort différents de ceux des biens collectifs énergétiques (le chemin de fer, par exemple), ainsi que le montrent les sagas boursières des « entreprises d'Internet » apparues ces dernières années comme American on Line, Yahoo, Schwas, Ycos et autres Amazon, pour ne pas parler de Microsoft. Voilà des entreprises dont la capitalisation a atteint des montants considérables (8 milliards de dollars pour American on Line, 3,3 pour Yahoo, pour Amazon...) sans qu'elles aient encore fait de profits ! Bien qu'ils manifestent à maintes

1. J. Bradford De Long, *op. cit.*, p. 24.

reprises des tendances inconsidérément ludiques, les boursiers en tout genre, des plus collectifs (Fidelity) aux plus individuels (les fameux chauffeurs de taxis) n'ont pas adopté des attitudes aussi nouvelles sans quelque raison. Comme le dit Bradford De Long, ces pèlerins ont bien vu « quelque chose » qui peut leur faire croire au miracle...

Ce « quelque chose » consiste peut-être à anticiper les débordements – selon nos critères actuels, encore industriels – d'une nature humaine qui se voit offrir quasi gratuitement une communication enfin divisible, interactive, c'est-à-dire permettant aussi l'émission de messages individuels, et non plus la simple réception d'une parole et d'images venues d'ailleurs, d'en haut. Sans compter que ces messages peuvent réduire « définitivement » les dépenses d'énergie que les êtres humains doivent encore aujourd'hui consentir pour vivre aussi bien qu'ils le peuvent et le souhaitent. La vieille productivité du travail serait alors elle aussi concernée par la substitution généralisée du transport des messages aux déplacements des êtres.

Sans doute sont-ce ces anticipations qui expliquent le « nouveau » comportement boursier (Nasdaq) des entreprises d'Internet, qui montent d'autant plus qu'elles ne font pas de profits, vendant leurs services moins cher qu'ils ne coûtent, ne comptant que sur leurs prestations « après- »vente à d'« autres » clients pour être finalement rentables, excluant les « suiveurs » à coups d'éléments de monopole (Microsoft).

Il n'est pas possible aujourd'hui de prévoir l'étendue des retombées de la révolution de la communication sociale sur l'évolution économique des États-Unis, encore moins celle du reste du monde. Électricité, voitures, télévision n'ont pas encore épuisé leurs effets sur l'économie mondiale, à supposer que ces vieilles innovations le fassent jamais. Cette nécessaire modestie de la prévision n'est guère entamée si l'on retient néanmoins quelques îlots de relatives certitudes.

La « Productivité sociale » d'Internet

Le premier d'entre eux concerne cette fameuse productivité du travail dont il convient de reconnaître que la définition et la nature sont de moins en moins bien appropriées à une évolution qui voit les activités de communication – le temps que l'on consacre à l'émission, à la transmission et à la réception d'informations de toutes natures et à toutes fins – se développer, en quantité et en qualité, beaucoup plus vite que les activités énergétiques de production et de mise à disposition des biens matériels. Cette croissance est d'autant plus spectaculaire que ces activités, jusqu'à présent non marchandes, viennent s'intégrer au marché comme le firent les activités énergétiques de la fin du XVIIIe siècle à nos jours.

Or, plus l'importance des activités de communication dans le Produit national augmente, plus la productivité du travail est sous-estimée. Ceux qui ont commencé à l'admettre ont encore plus raison qu'ils ne le pensent. La mesure de cette productivité du travail, en même temps qu'elle devient approximative, perd de son sens. Si la société américaine de demain est entièrement « internisée », et si la production industrielle tombe nettement au-dessous de 10 %, il faudra bien abandonner notre définition de la productivité « du travail ». Si tous les chanteurs de Malthus sont « payés », si tout le temps que les êtres passent aujourd'hui à échanger des informations (à la densité d'ailleurs très inégale) fait l'objet de rémunérations, il ne suffira plus de faire des digressions sur le contenu, voire sur le « sens » du travail (chanter pour un cachet mérite-t-il vraiment qu'on y applique un terme qui naquit avec le *tripalium*, le joug auquel étaient attachés les prisonniers-esclaves ? La durée du travail peut-elle être confondue avec la simple *présence* ? Existe-t-il une productivité de la présence autre que le coût d'être « au bureau » plutôt qu'ailleurs... ?). Il faudra bien mettre alors en cause la notion même de production, c'est-à-dire en finir avec *l'ère industrielle, et construire une Comptabilité nationale de l'ère informationnelle.*

Préparons, en attendant, la transition en appréciant la sous-estimation sûrement croissante de cette productivité aux États-Unis, et en nous interrogeant alors sur la *stagnation des salaires réels* qui est le lot, depuis plus d'une génération, d'une bonne moitié de la population salariée américaine et qui joue elle aussi son rôle dans le « paradoxe de la productivité ».

Une seconde anticipation, tout aussi justifiée, prolonge cette constatation plus surprenante, somme toute, que la stagnation de la productivité : l'augmentation continue des heures de travail. Sa cause évidente, le souci de conserver son niveau de vie, n'est que la moitié de l'explication. *L'autre moitié réside non du côté des comportements (effet revenu), mais du côté de la qualité du travail.* On concédera que la qualité du travail et sa rémunération sont en évidente relation positive, conformément au sens commun et à toutes les observations, sauf à prêter aux muscles une « valeur » qu'ils n'ont pas, simplement parce qu'ils courent les rues, à la différence de l'intelligence. *Si la rémunération réelle moyenne du travail diminue, c'est que le « miracle » provoque une baisse de la qualité moyenne du travail.*

Certes, cette qualité moyenne n'a pas grand sens. Elle n'en traduit pas moins qu'avec Internet se sont développés des services nouveaux qui ne requièrent aucune compétence spéciale et n'ont guère d'intérêt, à savoir des services personnels d'intendance qui se substituent à des autoservices non marchands. Considérons Amazon, qui permet que je me fasse livrer à domicile un ouvrage que j'allais chercher auparavant chez le libraire. Avant la création d'Amazon figurait dans le Produit national la partie de la valeur ajoutée du libraire due à mon achat, d'un montant certes faible (30 à 40 % du prix public du livre), mais néanmoins plus élevé que le coût de l'énergie absorbée par mon déplacement (un travail non marchand, donc absent de ladite Comptabilité nationale). Depuis qu'existe Amazon, je vaque devant ma télévision. Mon travail d'antan est effectué par les soins de transporteurs successifs qui, dès réception du message, amèneront l'ouvrage jusqu'à ma porte. Les nouveaux emplois créés seront ceux de magasiniers, de transporteurs et de livreurs. L'information transmise par Amazon aura certes permis de diminuer les dépenses musculaires et surtout de temps nécessaires à l'acquisition du livre (économies d'échelle), mais aura, pour ce faire, dû créer des emplois d'intendance des biens matériels, peu qualifiés, condamnés à l'être de moins en moins au fur et à mesure que commandes et livraisons sont traitées de façon informatique, mais qui figurent, eux, dans le Produit national pour leur totalité.

Or, le sens de cette substitution n'est pas réversible. Les activités rendues marchandes par la révolution Internet seront toutes de cette nature. Les salaires seront attirés par un plancher commun qui augmentera avec le niveau de développement à démographie constante.

Un doute, enfin, sur l'enthousiasme avec lequel les tenants des marchés ont accueilli les activités de communication. Il est loin d'être avéré que le développement d'Internet et de toutes les activités différenciées qui vont l'accompagner se fasse sans rendre nécessaire l'intervention publique. L'informatique est fille de l'air avant d'être assignée à résidence câblée ou satellitaire. Elle se prête spontanément à tous les usages, des plus vertueux jusqu'aux plus vicieux (selon les normes courantes). Le bien « information », désormais démocratisé, n'a plus rien de commun avec le bien matériel. Il n'est pas à *usage réservé* : tout le monde peut en même temps avoir accès à un site ; il n'est pas *transparent* : presque par définition et complaisance, les usagers ne savent pas ce qu'ils vont se procurer comme information en cliquant avec ardeur, et ne peuvent davantage la vérifier ; il n'est pas non plus *défendable* : son détenteur ne peut empêcher les autres de l'utiliser sans sa permission[1].

Or, telles étaient et sont toujours les caractéristiques de l'usage et de la détention (le droit de propriété) des biens matériels. Telles étaient aussi les conditions pour que le fonctionnement des marchés puisse être assuré sans coût (sans celui de l'intervention publique), en se régulant d'eux-mêmes (la « main invisible »). L'information va se prêter à toutes les escroqueries ; les serveurs ne vont pas pouvoir s'en remettre à une concurrence sans barrières à l'entrée, et tenteront d'établir toutes sortes de monopoles plus ou moins techniques (*cf.* Microsoft) ; les procès vont fleurir, de même que vont proliférer les emplois informatiques jouant aux gendarmes et aux voleurs ; pour finir, l'État sera obligé d'intervenir presque plus sûrement que pour surveiller les oligopoles mondiaux des biens matériels.

---

1. J. Bradford De Long, *op. cit.*

3

UN MIRACLE QUI RECONNAÎT LES SIENS

Pour nécessaire qu'elle soit dans l'appréciation du « miracle américain » de cette décennie et dans les prévisions relatives à sa poursuite, toute prise en considération des inégalités économiques et sociales se heurte à des difficultés bien connues, certes, mais qu'il faut néanmoins rappeler, étant donné l'usage social qui est fait de tous les constats inégalitaires.

Les difficultés techniques d'établissement de ces constats sont nombreuses. Il y a d'abord leur réduction aux données mesurées, revenu et fortune essentiellement, ce qui laisse dans l'ombre les caractéristiques essentielles des modes de vie. La sociométrie est encore plus récente que la statistique économique, si bien qu'il est en général impossible d'apprécier les relations entre les inégalités économiques et des inégalités sociales beaucoup plus intéressantes, puisqu'elles portent en elles les tensions et les éventuels désordres qui finissent parfois par en être l'exutoire.

Il faut ensuite compter dans ces deux domaines connexes sur la multiplicité, en fait l'infinité de façons de « mesurer les inégalités ». Voilà plus d'un siècle que chaque statisticien y va de son indice d'inégalités et essaie de vanter ses mérites relatifs (Gini, Lorenz, etc.). Surtout, chaque jour, au choix entièrement ouvert de l'« observateur », ces inégalités sont évaluées en comparant le revenu du plus riche à celui du plus pauvre, ou celui des 20 %, 40 %... 50 % des plus aisés aux 5 %, 10 %, 20 % des plus pauvres, etc. Ainsi naissent une multiplicité de « coefficients » ou « rapports d'inégalités », forcément différents et entre lesquels il n'existe évidemment pas de hiérarchie objective.

Enfin, pour tout arranger, soulignons l'absence de toute inégalité de référence, optimale ou non, quels que soient les critères retenus (efficacité économique, cohésion ou justice sociale, etc.). Ainsi, toute inégalité n'est que ce qu'elle est, et sa signification reste des plus partielles et partiales, ce à quoi aucun utilisateur ne se résigne aisément.

Ces difficultés techniques pourraient être traitées, non sans précautions, et en consacrant du temps à concilier leurs multiples expressions, *si la passion n'était la maîtresse quasi exclusive de la situation.* L'expression de toute inégalité économique ou sociale ne répond pas à l'usage de quelque Sirius, mais à celui d'individus atteints naturellement du complexe dit du « trou de serrure » (qui gagne combien ?) ou mus par la volonté de gagner plus en puisant dans toutes les indécisions et imprécisions un argument à leur revendication (qui gagne plus que moi ?). D'où l'usage presque exclusivement politique qui est fait de toute évaluation des inégalités, selon un clivage plus sentimental encore qu'idéologique entre ceux qui veulent les réduire et ceux qui y sont opposés, voire – ils l'avouent moins facilement – qui voudraient plutôt les augmenter. Personne n'est amoureux d'un taux de croissance (encore que...), mais quiconque vote, regarde toujours, vers le haut, qui envier et qui rejoindre et considère avec enthousiasme le coefficient d'inégalité qui légitime son ambition. On peut donc imaginer avec quelle malice (pas toujours volontaire) les responsables politiques choisissent, au mieux, parmi l'infinie variété des mesures des inégalités, celles qui seront bien reçues par leur électorat. Le soin mis par leurs conseillers à opérer cette sélection est encore plus biaisé par des considérations politiques.

Il est difficile, dans ces conditions, de dresser un constat dépassionné, pour ne pas dire objectif, sur l'évolution des inégalités qu'auront connue les États-Unis au cours des années « miraculeuses ». Cette tentative n'en est que plus indispensable, ne serait-ce que pour apprécier la permanence (ou non) d'un choix américain dont nous savons qu'il a toujours différé de celui de l'Europe en trouvant aux inégalités plus de normalité et d'avantages que celle-ci ne leur en voit. L'abondance, pour ne pas dire l'excès de données et de commentaires de toutes origines en ce domaine justifie que l'on s'en tienne à des constatations qui paraissent à la fois objectives et peu contestables.

Le triomphe du profit – et de l'entreprise

On connaît désormais tous les ressorts de la fameuse redistribution des revenus chère à la politique keynésienne du troisième quart de ce siècle, ses limites et aussi son opacité (encore plus accusée que les inégalités en tout genre). Qui dit capitalisme, amendé ou non, plus ou moins mixte, reçu avec enthousiasme ou simplement toléré, dit toujours trois revenus : *profit*, *rente* et *salaire*, entre lesquels se partage le Produit national. De cette *répartition*, dite justement *primaire* à tous les sens du terme, procèdent toutes les autres. Et de ses variations dans le temps dépendent la conjoncture et la distribution des revenus après toutes les interventions publiques. *La nature et peut-être les causes du « miracle américain » de la décennie se révèlent d'abord dans l'évolution de cette répartition primaire.*

Celle-ci est à la fois très nette, en même temps que considérable. Elle établit une *victoire du profit* qui ressemble fort à un *triomphe*, lequel n'est pas forcément conforme à notre attente traditionnelle. De 1990 à 1997, la part du profit des sociétés dans le revenu national s'est accrue de près de 4 %, passant de 8,5 à 12,3 %. Si on y ajoute le profit des entrepreneurs individuels, dont la part a augmenté de 0,3 % (passant de 8 à 8,3 %), force est de constater *une extraordinaire modification dans la composition du revenu national à l'avantage du profit* : de quelque 5,1 % en huit ans[1].

En bons Européens et plus encore en bons Français que nous sommes, nous nous attendons à ce que cette hausse ait pour contrepartie une *baisse des salaires*. Or, déception (!) : *le triomphe du profit ne résulte pas, pour sa plus grande partie*, de la déroute des salaires, dont la part ne décroît « que » de 1,6 %, mais de celle de la rente, en particulier de la *rente financière* à l'état pur, des revenus

1. Department of Commerce, *Survey of Current Business*, plusieurs numéros.

d'intérêt dont l'importance relative décroît de *3,5 %* durant la même période.

Un tel chambardement dans la composition du revenu national américain est doublement sans précédent. Qu'en moins de huit ans le montant des profits, passant de 800 à 1 400 milliards de dollars, se soit accru de quelque 600 milliards de dollars, et que ce soit pour l'essentiel au détriment de la rente, voilà qui manifeste à quel point les États-Unis sont fidèles à leur histoire, et avec quel empressement leurs entreprises ont saisi les possibilités ouvertes par la révolution des techniques de la communication. Le phénomène témoigne aussi de l'efficacité avec laquelle ils ont mis en cause l'« argent qui dort », ce qui a impliqué – comme pour tout autre succès – une heureuse rencontre entre les comportements sociaux et la politique gouvernementale (Alan Greenspan en l'occurrence). La mise en œuvre ou *la remise en circulation de près du tiers de la rente en aussi peu de temps est à la fois une gageure, la manifestation d'une détermination collective exceptionnelle, et témoigne, s'il en était besoin, de la profondeur du fossé qui sépare la société américaine de la nôtre.*

La comparaison de cette évolution avec la nôtre au cours de la même période est éclairante. Certains se souviennent de la performance doublement étonnante de M. Delors qui avait, pour cause de désinflation, modifié de près de 4 %, en faveur du profit et au détriment des salaires, le partage de notre revenu, sans toucher à la rente. Qu'advint-il de ce surcroît inespéré de moyens donnés à nos entreprises ? La réponse est d'une clarté aveuglante : « nous » n'avons eu de cesse que de reprendre le terrain consenti aux entreprises. Et cette guerre très française de reconquête fut gagnée par les armées des salariés et par celles des rentiers. Certes, entre 1995 et 1997, c'est la part des salaires qui a progressé de plus de 4 %, soit la moitié de la réduction des profits (– 7 %). Mais l'autre moitié va à la rente pour cause de dividendes et du fait de ce « placement » ni fiscal, ni métaphysique, ni féminin (!) qu'est l'assurance vie. *Depuis 1990, la part de la rente progresse en France à peu près autant que la part des profits aux États-Unis.*

Il n'est pas besoin de chercher ailleurs la raison essentielle du « miracle américain » dont l'existence s'est imposée plus encore par comparaison avec les autres continents que dans l'absolu. Un cercle vertueux – profit et croissance d'aujourd'hui (et non de demain) – s'est imposé à une société américaine qui travaille davantage pour maintenir son niveau de vie, finalement d'autant plus heureuse et fière de retrouver ambition et satisfaction dans l'innovation qu'elle fait la nique à cette rente que nous avons tant chérie et dont nous ne nous lassons pas. Il est vrai que la démographie vient en l'occurrence servir d'adjuvant à notre passion historique.

L'extension de la classe moyenne

Montée des profits et baisse de la rente ont presque totalement ignoré aux États-Unis les salaires et autres revenus directs et indirects de l'activité salariée. Ceux-ci, comme on l'a déjà vu, sont restés à peu près constants, d'ailleurs au prix d'une augmentation très notable du temps de travail. Mais qu'en a-t-il été de leur inégalité ?

On peut évidemment toujours choisir des mesures de cette inégalité telles que les conclusions se révèlent différentes. Mais, pour les années 1990, cette latitude est d'assez peu d'effet. Il est d'une part établi que, jusqu'en 1996, les salaires dans leur ensemble croissent (peu), les « bas salaires » un peu moins que les autres, si bien que leur inégalité interne tend à s'accroître, mais de façon peu significative. À compter de 1996, cette disparité s'est inversée. Chacun doit reconnaître[1] que les bas salaires ont augmenté ces deux dernières années deux fois plus vite que tous les autres, ce qui a réduit, voire annulé ou inversé l'inégalité des débuts de la décennie. La meilleure preuve de cette inversion est donnée par la *date de naissance* de la « peur de l'inflation salariale », laquelle agite désormais des milieux financiers qui ont toutes les raisons de favoriser le cours des actions et des sociétés qui licencient (qui dit chômage, dit aussi absence de tensions sur le marché du travail). Or cette peur remonte effectivement aux premiers mois de

1. *The State of Working America*, *op. cit.*, p. 7.

1996 où l'« armée de réserve » chère à Marx vient à s'évaporer dans la nature de la croissance durable. *Il est donc très probable que l'inégalité des salaires aura « dans l'ensemble » fort peu varié d'un bout à l'autre de la décennie.*

Étant donné l'importance des salaires dans le revenu des ménages et des familles, il serait étonnant que la relative stagnation de leur inégalité ne s'étende pas jusqu'aux revenus individuels (ménages) ou familiaux (couples avec deux enfants). Tel est bien le cas, non sans quelques traits inattendus.

Si l'on considère l'évolution de la distribution des revenus des familles (dont la signification sociale est plus grande que celle des ménages) entre 1989 et 1997, on constate effectivement que *celle-ci a très peu varié.* À l'exception d'une seule des neuf classes de revenus, qui a vu son importance se modifier de plus de 1 % (celle des revenus les plus élevés, supérieurs à un million de dollars : + 1,5 %), les huit autres, conformément à notre attente, conservent leur part relative. Le « miracle américain » s'est produit sans modification notable de la distribution des revenus familiaux, à la seule exception des revenus les plus élevés qui n'abondent pas à la seule source du salaire, mais aussi à celle du profit. *Au sein de la classe moyenne, la distribution des ressources financières n'a pas connu de changement notable, ce qui est d'autant plus remarquable que le phénomène est tout à fait spécifique à notre décennie.*

Les deux décennies précédentes (1967-1988) avaient vu au contraire la distribution des revenus familiaux se modifier de façon considérable et non ambiguë. En dollars d'aujourd'hui, la classe des revenus compris entre 15 000 et 25 000 avait perdu 3 % ; celle de 25 000 à 35 000, plus de 5,5 % ; celle des revenus situés entre 35 000 à 50 000, plus encore : – 6,6 %. Au profit de qui ? Uniquement des revenus plus élevés, et ce, d'autant plus qu'ils l'étaient : + 4,8 % pour les revenus de 50 000 à 75 000 dollars, + 6 % pour ceux de 75 000 à 100 000, et + 7,1 % (!) pour les revenus les plus élevés. La période 1967-1989 a donc été celle où les États-Unis auront connu une très nette accentuation de leurs inégalités à l'avantage de tous les revenus nettement supérieurs à la moyenne (+ de 50 000 dollars), et donc au détriment de ceux de leur classe moyenne (de 15 000 à 50 000 dollars) dont l'importance a diminué de 10 %[1]. *Pendant ces vingt ans, la cause essentielle de cette attrition de la classe moyenne est incontestablement d'ordre politique*, liée à l'avènement de Ronald Reagan qui n'était vraiment sensible qu'aux deux extrémités de la chaîne des inégalités : les pauvres sans emploi, d'une part, et d'autre part les titulaires de hauts revenus qu'il estimait entravés par une fiscalité excessive et préjudiciable à la croissance.

Les années 1990 interrompent nettement ce mouvement de réduction des revenus de la classe moyenne. Celle-ci connaît même, en son sein, de très fortes tendances à une *égalité accrue* qui va au-delà des revenus. En fait, la *« blue-collarization »* des cols-blancs fait sauter une des seules barrières qui – différences ethniques exclues – empêchaient la classe moyenne d'être homogène. Est-ce à dire que cette classe *mord sur ses deux frontières* et rattrape ainsi le retard que, par faci-

1. Bureau of Census, *Money Income in the US*, septembre 1998.

lité, on pourrait imputer à Reagan ? *Non pas* ; et son impuissance décennale à le faire garantit la poursuite d'interminables débats sur les inégalités. *La classe moyenne achoppe sur l'envolée des « riches » et la permanence de la pauvreté.*

La résurrection du Rêve ou la réalité des Nouveaux Riches

Si la part des salaires et des rentes régresse, qui serait quasiment « condamné à améliorer son sort », sinon celui qui, de près ou de loin, touche au *profit* – qui appartient à sa « sphère », comme diraient les marxistes ? Et il est de fait que la seule modification notable des inégalités au cours de la présente décennie est l'accroissement absolu – sans doute sans précédent – et relatif de la richesse des riches, de ceux qui avaient déjà les revenus et les fortunes les plus élevés, et qui sont donc devenus l'objet d'une reconnaissance sociale tout à fait privilégiée. *Ce sont ces riches aux revenus annuels excédant un million de dollars dont l'importance relative a continué de croître comme au temps de la décennie Reagan, soit d'environ 0,2 % par an.* En 1979, le revenu des Américains appartenant aux 5 % les « plus élevés » équivalait à trois fois celui du revenu médian de la classe moyenne ; en 1996, il est de quatre fois supérieur[1].

Ce sont ces mêmes riches qui ont encore plus progressé dans la hiérarchie inégalitaire, si l'on considère *le critère de la fortune* et si l'on retient les plus fortunés d'entre eux (1 % de la population active). En 1997, leur revenu net était en moyenne de *10 millions de dollars*, en augmentation de 11 % en rythme annuel depuis 1989, alors que celui d'un Américain moyen, après avoir baissé de 3 % depuis la même date, ne s'élevait qu'à 56 000 dollars, soit près de vingt fois moins. *En 1997, ces « grands riches » contrôlaient 39,1 % de la richesse totale du pays,* soit 1,9 % de plus qu'en 1989 et 5,3 % de plus qu'en 1983. *Pour un Américain sur cent, aucun doute sur la nature réellement « miraculeuse » de la décennie !* Au moins par

1. *Ibid.*

l'étendue de leur fortune récente, ces nouveaux riches ont sans discussion possible connu un authentique prodige. Qui sont-ils donc ?

Ces riches ne sont pas difficiles à identifier, et pas seulement parce qu'aux États-Unis la fortune s'exhibe avec le ravissement du protestant qui y trouve une raison d'escompter la reconnaissance divine dans un au-delà indéterminé aux yeux de la plupart, la publicité faite à leurs richesses ne faisant du reste que préciser leurs gains. Ces gagnants se présentent en trois cohortes créatrices ou protectrices du profit : *les actionnaires, les cadres dirigeants des entreprises, les amuseurs publics*.

Les actionnaires rassurés

Les actionnaires sont au cœur du « miracle » en tant que ses bénéficiaires et que ses meilleurs agents publicitaires. N'étaient les marchés financiers, les Bourses de Wall Street et du Nasdaq, le « miracle américain » eût été moins connu. Ses pèlerins les plus efficaces ne sont pas ceux qui visitent Silicon Valley, mais ceux qui « avouent » autour d'eux leurs « gains de Bourse », relayés par des caisses de résonance médiatiques intéressées à attirer et conseiller leurs lecteurs. Qui sont ces fameux actionnaires ?

En 1995[1], ils n'étaient guère plus de 40 % des ménages, puisque trois Américains (chefs de famille) sur cinq ne possèdent toujours pas d'actions, ni à titre individuel, ni par institutions interposées (Sicav et autres). Et quelque 30 % de ces ménages n'en possèdent pas pour plus de 5 000 dollars (30 000 FF environ). La distribution du capital mobilier des États-Unis est en effet beaucoup plus inégalitaire que ne voudraient le faire croire les grands prêtres et les frères prêcheurs du capitalisme populaire. *En fait, près de 90 % de la valeur de toutes les actions – leur capitalisation – appartiennent à 10 % des ménages, soit justement un pour-*

1. À la fin de l'année 1997, 44 % des familles possèdent un portefeuille de titres. Source : André Kaspi, *Les États-Unis d'aujourd'hui*, Plon, p. 165. Pour les chiffres de 1995, voir *The State of Working America, op. cit.*, p. 21.

centage très voisin de celui des « hauts revenus » (plus d'un million de dollars).

Pour ces quelque 10 millions de « ménages » entre lesquels la répartition des fortunes mobilières est encore très inégalitaire, le pactole de la décennie est d'autant plus « miraculeux » que les décennies précédentes avaient été décevantes. Les indices de Wall Street (Dow Jones et Nasdaq) n'avaient que fort peu progressé de 1970 à 1989 (7 % en rythme annuel pour le premier, 8 % pour le second), soit guère plus que le taux d'intérêt. À partir de 1989 et jusqu'à ces derniers jours, la hausse annuelle fut – à n'y pas croire ! – de 16 % pour Wall Street et de 25 % pour le Nasdaq !

Aussi a-t-on assisté à un phénomène d'autant plus troublant qu'il a été, en tant que tel, occulté. Alors que la hausse des prix des biens composant le Produit national – l'inflation dans son acception habituelle – a peu à peu diminué depuis près de vingt ans et qu'elle a continué à le faire de 1989 à 1997, celle des biens composant les actifs, notamment les actions et les biens immobiliers, a pris le relais. Les années 1990 auront vu l'avènement d'une *nouvelle inflation*, plus sûre que la « Nouvelle Économie » : celle de *tous* les éléments mobiliers du patrimoine (pour ceux qui en ont un, de préférence élevé).

C'est ainsi que le prix relatif des actions par rapport aux biens de consommation courante s'est modifié de près de 15 % par an (taux de croissance de l'indice Dow Jones – ou Nasdaq – moins le taux de l'inflation). C'est-à-dire qu'il a doublé en quatre, cinq ans, ou encore qu'il a été multiplié par cinq en l'espace d'une décennie !

Ces deux taux ne font que donner vie à ce qui s'inscrit en espèces scripturales dans les fortunes individuelles : soit l'*augmentation*[1], entre 1990 et 1998, de la capitalisation sur ces deux marchés, qui s'élève à 7 452 milliards de dollars pour l'un et à 2 213 milliards de dollars pour l'autre, autrement dit

1. En 1990, le montant des capitalisations est de 2 820 milliards de dollars pour le NYSE et de 311 milliards de dollars pour le Nasdaq ; en 1998, il est respectivement de 10 272 et de 2 524 milliards de dollars. Sources : Fédération internationale des Bourses de valeurs – statistiques disponibles sur Internet.

encore le montant faramineux de 9 665 milliards de dollars pour les deux !

Cette somme qui, à concurrence de 90 %, échoit à 10 % des ménages américains, doit être appréciée par comparaison. Elle équivaut à 74 % de l'ensemble de la capitalisation actuelle (13 026 milliards de dollars). En dix ans, cette capitalisation a donc augmenté *trois* fois plus que depuis *l'origine des marchés jusqu'en 1990*, et *quatre fois plus qu'elle ne l'avait fait entre 1980 et 1990.* Cette plus-value colossale atteint à l'heure actuelle 26 % de la fortune totale des ménages américains (36 787 milliards de dollars).

Plus étonnant encore : l'accroissement de la fortune des 10 % les plus riches équivaut à 11 700 milliards de dollars, soit 1 170 000 dollars par ménage en moyenne. Les gains totaux de ces actionnaires privilégiés se seront élevés pour la *seule année 1998 à 2 200 milliards de dollars*, soit plus du quart du Produit national américain (8 511 milliards de dollars). Ainsi les actionnaires les plus riches ont globalement reçu l'année dernière, du fait de l'accroissement de leur fortune mobilière,

1 980 milliards de dollars, soit 22 % du Produit national, 40 % de la totalité des salaires, et *dix fois la totalité des revenus des 13 % d'Américains les plus pauvres (environ 200 milliards de dollars)*.

Ce constat est lourd de conséquences actuelles et futures. Il implique en effet qu'un des moteurs de la croissance n'est autre que la consommation de ces actionnaires, dopée par leurs plus-values autrefois considérées comme transitoires et devenues désormais permanentes. Est-ce à dire que Wall Street est, comme le Japon au début de la décennie, en état de « bulle », et ce, pour une raison analogue : l'endettement systématique et croissant des ménages américains suffisamment riches pour détenir des actions ? Le « miracle américain » ne serait-il qu'un mirage purement financier ? Relèverait-il d'un nominalisme monétaire et non pas du réalisme de l'accumulation ?

À observer l'évolution de l'endettement de ces ménages au cours des années 1990, il n'est pas possible de l'affirmer. Quel que soit le montant de leur fortune totale, l'endettement a même nettement baissé pour tous les ménages, à l'exception de ceux des couches médianes de la « classe moyenne ». Le montant moyen de l'endettement par ménage[1] passe de 439 000 dollars à 361 000 pour les plus riches des Américains (*top* 1 %). Il passe de 90 000 à 82 000 pour les 10 % les plus riches, et de 44 000 à 40 000 pour le haut de la classe moyenne. Il diminue également pour les fortunes les moins établies : le bas de la classe moyenne. Aussi la part de la dette dans les actifs financiers varie-t-elle très peu de 1989 à 1997, passant de 14,5 à 14,8 %. Il est même fort curieux de constater à quel point tous les ratios d'endettement, quand ils ne sont pas restés constants, ont plutôt baissé[2].

Le Système fédéral de réserve a d'ailleurs veillé beaucoup mieux que ne l'avait fait le secteur financier japonais à ne pas rendre l'économie trop « liquide ». Une différence apparaît cependant entre les deux moitiés de la décennie. La masse monétaire qui, jusqu'en 1994, était restée relativement constante, s'est mise alors à baisser à un rythme au demeurant raisonnable (de 5 %). On ne peut donc en

1. *The State of Working America*, *op. cit.*, p. 270, tableau 5.10.

2. *Ibid.*, p. 275, tableau 5.12.

aucun cas incriminer l'endettement des ménages ou celui des entreprises dans l'envolée de Wall Street.

Il n'empêche. Comme l'annonçait récemment M. Summers, nouveau secrétaire d'État aux Finances, il n'est pas tout à fait sain que la croissance d'un continent dépende de la montée de l'indice boursier, lui-même propulsé par la hausse de quelques valeurs liées évidemment à Internet. Désormais, toute la politique économique et monétaire se doit d'intégrer de pareilles relations, donc veiller à ce que les marchés financiers, plus encore quelques valeurs entraînantes (Microsoft, AOL, Yahoo...), ne toussent pas... sans même parler d'une pneumonie éventuelle ! Cela explique les extraordinaires précautions de M. Greenspan, qui ne souffle ni le chaud (ce dont le marché n'a pas besoin), ni le froid (ce dont personne n'a besoin), mais des à-coups de « tiède » pour tempérer les éventuelles ardeurs ou dépressions des « opérateurs » aux oreilles collées aux moindres de ses propos.

Ainsi donc la croissance américaine est, au terme de cette décennie, soutenue par *deux moteurs* : les occasions d'investissement ouvertes par l'alliance du transistor et de la commutation binaire, d'une part ; d'autre part, la consommation, notamment celle des actionnaires.

Cette configuration très nouvelle de la force de réaction qui alimente le « miracle » mérite qu'on prête quelque attention à son origine. *Le profit en est le carburant unique.* Mais où s'en trouve donc le puits le plus riche et le plus profond, si ce n'est dans l'élévation très nette du taux de profit sur les capitaux propres « exigé », qui n'a cessé d'augmenter durant la décennie, passant de *6,4 %* en 1979 à *7,1 %* en 1989 et à *10,4 %* en 1997[1] ?

Cette hausse a elle-même deux causes essentielles : l'une réside dans la vigueur de la demande qui s'adresse aux produits nouveau-nés de la révolution dans les communications (origine technique) ; l'autre, dans la modification des contraintes de la gestion des entreprises. Ce taux de profit élevé a été réalisé parce qu'il est désormais une « norme » qui s'impose à *tous* les capitaux engagés dans l'entreprise, et non pas seulement aux investissements au coup par coup. C'est un taux

1. *Ibid.*, *op. cit.*, pp. 20-21.

de profit sur les fonds propres, autrement dit sur les sommes avancées par les actionnaires, lesquels étaient jadis censés « avancer[1] » les salaires, autrement dit de quoi se nourrir. Or la réalisation d'un taux de profit aussi élevé (10 %) ne dépend plus du seul pouvoir des actionnaires depuis que la gestion de l'entreprise s'est séparée de sa propriété. Ce mouvement, amorcé avec la création des sociétés anonymes, s'est brutalement accéléré dans l'après-guerre, ainsi que le montre toute la littérature économique spécialisée du début des années 1970. À l'époque, l'accent fut mis sur le pouvoir grandissant des gestionnaires ou « dirigeants d'entreprise », ainsi que sur les dangers que ce pouvoir faisait planer sur les actionnaires. Ces dirigeants n'avaient-ils pas une tendance « naturelle » à exercer leur pouvoir discrétionnaire pour accroître la dimension de l'entreprise au détriment de sa rentabilité ? N'était-il pas de leur part intelligent et naturel de faire grossir l'entreprise, objet

1. Toute la littérature classique (Smith, Ricardo, Malthus...) fait reposer le développement sur ces « avances » que les ouvriers devront rembourser à des capitalistes alors appelés à juste titre « entrepreneurs ».

de leurs soins constants, à leur propre avantage, plutôt que d'engraisser des actionnaires éloignés, faciles à leurrer ou à éberluer ? Le conflit devint vite ouvert. Le capitalisme (les actionnaires) devait-il s'effacer derrière la méritocratie (les CEO[1] ou dirigeants) ?

Après que la question eut été posée sur la place publique de Harvard, la nouvelle Mecque des idéologies de la société marchande, vinrent, comme toujours, les réponses ou plutôt les contre-attaques des actionnaires : l'OPA et les *stock-options*, deux armes nouvelles dont l'usage généralisé durant les années 1990 devait faire le bonheur de tous. L'OPA menace les CEO trop laxistes ou incompétents d'être « remerciés », d'être licenciés sans suite, notamment aux États-Unis ; les *stock-options* sont la main (visible et caressante) à eux tendue *pour qu'ils créent le plus possible de valeur.*

Le slogan, parti une fois encore de Harvard, aura dominé la décennie écoulée. Pour les dirigeants d'une entreprise, un seul objectif, un seul critère de leur compétence existe

1. « Chief executive officers ».

désormais : la création de « valeur ». « Je crée de la valeur, donc je suis ; et je dois être reconnu comme l'ingénieur social par excellence » : telle est devenue, au fil de la décennie, l'affirmation ressassée des dirigeants d'entreprise ; telle est désormais la légitimation de leur apanage. Pour tous ceux qui ont eu de près ou de loin quelque commerce avec ce terme d'une richesse indissociable de sa polysémie, la *« création de valeur »* est apparue un moment comme une fenêtre donnant sur la philosophie. Voilà que les dirigeants d'une entreprise se mettaient à s'interroger sur leur fonction sociale et sur celle de la firme qu'ils pilotaient !

Mais de quelle valeur s'agissait-il au juste ? De la valeur *coût*, de la valeur *prix*, de la valeur *travail* ? Et les sociologues d'enchérir sur la différence entre la valeur reconnue par le marché et celle des biens et services non marchands, ainsi que sur la valeur comparée des sentiments affectifs et de l'accumulation matérielle. Bref, quelques *social scientists* crurent le temps venu d'un vrai débat.

Comme ils eurent rapidement le loisir de s'en apercevoir, cette « valeur » était on ne peut plus prosaïque : elle n'avait aucun contenu philosophique mais, peut-être à cause de cette carence, constituait l'idéologie la plus efficace – la seule, même – pour faire cesser à jamais un antagonisme éventuel entre actionnaires et cadres dirigeants. Cette fameuse « valeur » était à l'usage des uns et des autres enfin réconciliés à jamais ; elle n'était autre chose que la *valeur de l'action ! Créer de la valeur était simplement faire monter le cours de l'action de l'entreprise.* Pour peu qu'il y ait eu auparavant distribution de *stock-options, créer de la valeur revenait tout simplement à enrichir* simultanément *actionnaires et dirigeants.* Faute de pouvoir jamais rediriger tout seuls l'entreprise comme aux débuts de l'industrialisation, les propriétaires du capital, devenus actionnaires, ont attiré à eux des dirigeants qui réalisaient enfin leur rêve : s'enrichir et accéder à cette sphère sociale du capital où tout se décide.

Les dirigeants d'entreprise accèdent au paradis

Les dirigeants d'entreprise américains auront été les plus « miraculés » de cette décennie, au point qu'ils auront suscité une envie qui n'a pas encore exercé tous ses effets. Celle-ci a déjà provoqué une volonté d'imitation, désormais sans frontières, à peu près assurée d'arriver à s'imposer partout, même en Chine – si la référence y est autorisée –, les dirigeants d'entreprise y ayant déjà manifesté leurs capacités à tirer des avantages propres (le fameux « trésor ») à la barbe des propriétaires (l'armée, en tout premier lieu[1]).

En *1983*, la rémunération *moyenne*[2] (traitement et bonus) des dirigeants d'entreprise américains s'élevait à près d'un million de dollars ; elle est passée à *1,7 million en 1989*,

---

1. Il est assez peu connu d'une part que l'armée chinoise est propriétaire d'un très grand nombre d'entreprises et d'actifs immobiliers (à l'exemple de l'Église anglicane en Grande-Bretagne) ; et encore moins, d'autre part, que toute entreprise chinoise possède un « trésor », soit un ensemble de moyens financiers que son dirigeant peut affecter de façon discrétionnaire pour maintenir ou accroître la cohésion et la rentabilité de son organisation. Ainsi les Chinois concilient depuis près de cinquante ans l'existence d'une planification avec une relative autonomie de gestion de leurs entreprises.

2. *The State of Working America, op. cit.*, pp. 20-21.

soit une *augmentation de 70 % ; en 1997, à 3,6 millions, soit plus du double. Cette envolée s'est faite au rythme annuel d'environ 10 %, soit près de dix fois plus vite que le salaire moyen.* Encore ne reflète-t-elle pas l'ampleur exacte d'un mouvement qui est au cœur de la décennie qui s'achève, au même titre que l'augmentation du temps de travail de la classe moyenne.

Considérons quelques cas individuels (le trou de serrure vaut, de temps en temps, qu'on y applique son œil), tels ceux que nous livre chaque année, avec l'habituelle transparence américaine, le magazine *Forbes*.

En 1999, M.D. Eisner, président de Walt Disney, a perçu près de 600 millions de dollars (589 exactement), ce qui équivaut à 3,6 milliards de nos francs par an. À supposer qu'il prête son concours à l'entreprise de Blanche Neige douze heures par jour, qu'il ne prenne que dix jours de vacances annuelles et que la durée de ses week-ends se limite à un jour (ce qui paraît déjà beaucoup pour un tel personnage...), sa rémunération est d'environ 300 francs la seconde, ce qui met son *salaire horaire à un million de nos francs*. Pour les tenants de l'égalité entre salaire et productivité marginale, voilà un individu dont il est difficile de ne pas penser qu'il est directement passé du Paradis virtuel au Paradis réel !

Certes, son cas est aujourd'hui exceptionnel. Mais il est suivi de quelques épigones. Les quinze CEO les mieux rémunérés en 1998 auront gagné *en moyenne* près de 120 millions de dollars, ce qui met le prix de leur heure de travail à *une hauteur néanmoins enviable de 200 000 francs.* Ces quinze *chiefs* le sont d'une grande majorité d'entreprises de communication : Walt Disney, CBS, American on Line, Consaco, Intel, Gap, General Electric, Staples, Cendant, Morgan Stanley, Sun Micro Systems, e Bay, IBM, Max-Integrated Prod. Comme le révèle *Forbes* dans la liste des « Super 100 », ces rémunérations sont en hausse constante. Très souvent, celle de 1998 correspond à près de la moitié des revenus cumulés sur la période 1994-1998[1].

1. Pour les passionnés du « trou de serrure », il est possible de reconstituer à partir des palmarès annuels de cette publication l'évolution de la rémunération de chaque membre du club des « Top 25 » jusqu'à celui des « Top 100 ». Voir *Forbes Magazine*, « The Top Paid CEO's », 18 mai 1998 ; « The Forbes Super 100 », 3 mai 1999.

Cet extraordinaire envol des rémunérations des dirigeants d'entreprise est lourd de conséquences pour les États-Unis et, partant, pour le reste du monde à brève ou moyenne échéance. *L'une est qu'elle accroît dans des proportions imprévues les inégalités de revenu et de fortune entre ces CEO et le reste de la population active.* Même si on se limite à cette comparaison, le rapport entre le revenu moyen de ces *well-to-do* et celui de la classe moyenne est passé, entre 1989 et 1997, de 4 à près de 5,5. Il a progressé de près de 50 %, voire davantage encore, pour les rémunérations des 1 % les mieux rémunérés, comparées au salaire médian de la classe moyenne. Entre des rémunérations qui croissent de 10 % par an et des revenus quasi stagnants (1 %), le rapport double en huit ans, ce qu'il a déjà fait, et devrait quadrupler en seize ans. En 2005, si l'évolution se poursuit, ce rapport passera à près de 11. *Le fossé entre les deux classes de revenus deviendra alors infranchissable.*

Le *second effet* est sans doute inattendu et quelque peu gênant pour les actionnaires, en droit de penser que la collaboration des CEO leur était acquise pour toujours dans le respect de la frontière originelle, fondatrice du capitalisme, entre propriété et travail. Or l'ampleur de ces rémunérations et leurs modalités ont fait que cette frontière est enfoncée. Si l'on considère les quinze plus grosses fortunes des États-Unis, on y trouve en premier lieu Gates, désormais William H.III, dont la fortune est de 58 milliards de dollars, puis Warren Edward Buffett (29,4), en troisième position Allen Paul Gardner (22), pour finir par Summer M. Redstone qui ne possède « que » 6,4 milliards de dollars. La fortune individuelle de ces CEO décroît assez vite, certes, encore que celle du cinquantième soit encore de presque 3 milliards de dollars. Le plus intéressant est de constater que la liste des plus grosses fortunes abrite désormais plus de CEO devenus « richissimes » que de « vieux propriétaires » (ou leurs héritiers). Sur les quinze plus grosses fortunes, huit appartiennent à d'actuels CEO âgés de cinquante-cinq à soixante-cinq ans, présidant aux destinées d'entreprises de communication ; sept seulement proviennent d'héritages « normalement » transmis à la descendance directe (les cinq héritiers du fondateur de WalMart stores et les deux d'Intendance).

Cette évolution est plus que symbolique. Que les CEO aient pu, en moins de dix ans – aidés, il est vrai, par le développement d'un progrès technique particulier –, enfoncer la frontière du domaine jusque-là considéré comme inexpugnable de la « propriété du capital » ne doit pas seulement être tenu pour une victoire de la méritocratie sur une propriété condamnée à se transmettre par héritage. Cette victoire est célébrée dans un contentement discret – pouvoir supérieur oblige ! – qui cache mal un enthousiasme naissant à l'idée que la légitimité sociale va désormais de pair avec le pactole. Plus profondément, il s'agit bien de la renaissance d'un conflit de pouvoir : *les actionnaires vont-ils contre-attaquer ?*

Leur volonté de le faire n'est pas discutable, de même que leur intérêt à le faire. Mais comment ? Les gains faramineux de CEO à la Bill Gates vont accélérer, si besoin était, les vocations à accéder à des stock-options dont la distribution épuise désormais une grande partie des efforts consacrés à la « gestion des ressources humaines ». Mais ces dirigeants vont-ils se révéler aussi bons gérants de patrimoines que d'entreprises, aussi bons financiers que chefs d'industrie ou de services ? Et ne vont-ils pas devoir eux aussi laisser leur fortune à des héritiers redevenus simples actionnaires ? Le mérite est évidemment individuel ; la propriété, phylogénétique. Or la mort finit toujours par saisir le vif, comme disaient déjà les juristes du Moyen Âge...

Les amuseurs au pinacle

Parmi ces élus par la grâce, il faut aussi compter les amuseurs, indissociables des années 1990 à deux titres : ce sont des êtres dont la vie est communication dans son expression professionnelle, ses modes d'existence et ses moyens ; ce sont les exorcistes d'un ennui que même la communication exacerbée n'arrive pas à tenir à distance. Il y a deux mille ans, les amuseurs étaient les esclaves voués à une mort spectaculaire. Aujourd'hui, ils sont eux aussi miraculés. Ils ne sont plus les instruments vivants d'un pouvoir qui souhaite plaire à son peuple ; ils ont droit à quelques escarbilles du pouvoir.

Dans le classement des célébrités qui constituent le fameux *blue people* sans lequel il n'est plus de magazines « rentables », le plus spécialisé de tous dans ce domaine *(Forbes)* part de l'équation : *Money + Fame = Power.* Laissons à cette publication la responsabilité de cette affirmation, sauf à constater que les deux constituants du « pouvoir » sont évidemment liés. L'argent attire les regards. La notoriété finit toujours – assez vite, d'ailleurs – par se monnayer.

La liste des quinze personnalités les plus haut placées dans ce nouvel ordre, tout américain, du pouvoir (nous gardons le monopole de la Légion d'honneur), est instructive. Parmi elles, on compte un sportif, Michael Jordan, qui arrive en tête et tord ainsi le cou à l'adage inamical selon lequel le basket rend fou : il peut aussi propulser, après un nombre considérable de paniers réussis, vers le top du top de la gloire. Deux personnalités de la télévision, qui cumulent les fonctions de producteur, commentateur et conseiller, sont numéro 2 et numéro 4, et représentent les « intellectuels » à ce niveau on ne peut plus flatteur. À noter que l'un des deux doit son rang au fait qu'il arrive en tête des gains annuels (pas plus de 267 millions de dollars). Ensuite, six acteurs ou producteurs de cinéma, emmenés par le producteur S. Spielberg (175 millions de dollars) et clos par John Travolta, bon quinzième (47 millions de dollars).

Ce classement du *pouvoir* des célébrités est établi sans que la pondération accordée à l'argent et à la gloire soit indiquée, pas plus que celle donnée à chacun des éléments définissant la notoriété. Mais leur liste est instructive. La notoriété se mesure au nombre de consultations sur le web, au nombre de mentions dans la presse, de couvertures de magazines et de citations dans les programmes de radio et de TV. Tous ces éléments évoquent et mesurent une forme de communication entre le « notoire » et le reste de la société ; ils traduisent indiscutablement une demande du consommateur d'images, de sons et de signes bien spécifiques. Cette notoriété est bien *sociale* et non clanique, démocratique et non dirigée par un quelconque pouvoir centralisé.

Si l'on prend les consultations sur le web, arrivent en tête Monica Lewinsky (1 001), Michael Jordan (777), Claudia Schiffer (663) et Leonardo Di Caprio (496), très loin devant tous les autres, dont un nombre important se traînent à 1, 2, 3 « hits ». *Si l'on consulte le classement en termes de coupures de presse*, en tête arrive M. Lewinsky (118 034), suivie à plusieurs longueurs de Mark McGwire (47 377), de M. Jordan (40 761) ; tous les autres sont loin derrière. Leonardo Di Caprio survole la hiérarchie en termes de pages de couverture de magazines (14) ; même M. Lewinsky (5) et M. Jordan (7) sont enfoncés. Si, enfin, on considère les *mentions par la télévision et la radio*, Monica (6 640) s'impose de nouveau, en grande championne qu'elle fut, et, on l'espère pour elle, qu'elle demeurera ; personne ne lui arrive à la cheville, pas plus Mc Gwire (908) que M. Jordan, collé au pied du panier (492)[1].

1. Sur l'ensemble de ces éléments, on consultera *Forbes Magazine*, « Celebrity 100 » et *Forbes Magazine*, « Power 100 », 22 mars 1999.

Comme on sait, Monica Lewinsky est en passe de « tourner un film », ce qui lui permettra, cachet d'actrice oblige, sinon de grimper au sommet de la hiérarchie et du pouvoir, du moins de s'en rapprocher. Elle est aujourd'hui à la notoriété – sinon au pouvoir (elle n'y occupe que le 100e rang) – ce que Bill Gates est au mérite jugé à l'aune du marché, et George Soros au monde des actionnaires. *Trois personnalités emblématiques de cette décennie « miraculeuse »*.

Les épargnés du « miracle »

Les Américains ont toujours reconnu l'existence de leurs pauvres, tout en s'efforçant d'en donner une définition aussi précise que le permet l'établissement d'un revenu situant le seuil de la pauvreté. Étant donné les quelques avantages en tout genre qui y sont liés (tickets donnant droit à la gratuité de certaines prestations...), cette définition a même été multipliée comme à plaisir par les statisticiens et les offices gouvernementaux – pouvoirs fédéral et locaux – qui s'emploient à améliorer les conditions de vie des citoyens concernés.

Bien que soigneusement remis à jour, ces divers seuils de pauvreté varient en effet dans leur évaluation monétaire : 1 675 dollars annuels pour une personne en 1967, 6 300 en 1989, 8 183 en 1997[1]. *Mais ils qualifient une proportion presque constante de pauvres, et ce, depuis 1969.* En 1989, le taux de pauvreté était d'environ *13,3 %* ; après dix ans de « miracle », il est très voisin de ce niveau. Surtout lorsqu'on a pour mission ou fonction de « traiter la pauvreté », on peut certes détailler presque à l'infini ce taux[2], souligner qu'il concerne à concurrence de 68,6 % des Blancs, dont 22,2 % d'origine hispanique, et pour 25,6 % des Noirs ; on peut le discriminer selon les États locaux, les zones de résidence (villes ou campagnes), ou l'âge de la population en cause, toutes

1. Pour deux personnes, les seuils s'élèvent à ces trois dates respectivement à 2 168, 8 076, 10 473 dollars, et pour quatre à 3 410, 12 674 et 16 400 dollars. Bureau of Census, *Poverty in the US : 1997*, par J. Dalaker et M. Naifah, septembre 1998.

2. *Ibid.*

prouesses statistiques qui ne changent rien au constat essentiel : *le taux de pauvreté est aux États-Unis quasi constant depuis trente ans*. Il a décru dans l'après-guerre (1948-1967), mais a définitivement interrompu son mouvement de baisse à cette dernière date. Depuis, le nombre de pauvres a peu varié. Leur taux est resté voisin de *13 %*, y compris même au cours de ces dix dernières années.

Le « miracle » n'a donc pas touché les pauvres pris dans leur totalité. Même s'il a quelque peu amélioré le sort des Noirs et des Hispaniques, les Blancs ont pris leur relais. Il y a aujourd'hui encore 26 millions de familles « pauvres », et même davantage d'individus (36 millions) dont le revenu n'est guère éloigné de notre RMI et qui n'ont pas accès à autant de services non marchands qu'en Europe (qu'en France en particulier). Aux États-Unis, la pauvreté a complètement résisté à toutes les performances en matière d'innovation technique, de création de biens et de services nouveaux, dont ceux de communication, à la croissance du Produit national et de la fortune nationale. Depuis trente ans, tout s'est passé comme si les pauvres n'étaient pas même spectateurs du

« miracle », mais lui étaient extérieurs, vivaient ailleurs (la « vraie vie » selon Rimbaud ? !).

Cette permanence des inégalités au cours de la décennie « miraculeuse » autorise une quasi-certitude sur l'incapacité de *l'économie américaine à diminuer la distance entre ses pauvres et ses deux autres grandes classes de revenu : la classe moyenne et les riches.* Réduite à 100 individus, cette société comprendrait 13 pauvres, 77 moyennement aisés et 10 riches entre lesquels les inégalités de revenus auraient spontanément tendance à s'accroître, quels que soient le rythme de la croissance, celui de l'accumulation et celui de l'innovation. Le récent « miracle » participe même de la théorie d'obédience marxiste qui fait dépendre positivement la montée des inégalités de la vitesse de la croissance. À nous limiter à ces trois catégories de citoyens, l'évolution de la décennie confirme cette thèse et donne pour origine essentielle de l'accroissement des inégalités de revenu la hausse très privilégiée des revenus des 5 % les plus riches. *En 1996, un Américain appartenant à ce groupe des 5 % les plus riches avait un revenu égal à quatre fois le revenu de l'Américain moyen et à trente fois celui du pauvre*[1]. L'inégalité entre le revenu médian de la classe moyenne et celui des pauvres paraît ne s'être pas modifiée. C'est bien l'envol du revenu des plus riches (plus d'un million de dollars) qui a accru les disparités.

Faut-il pour autant admettre l'existence définitive aux États-Unis d'une relation positive entre croissance et inégalités ? Étant donné l'évident contenu politique et idéologique de la réponse à cette question, nul ne s'étonnera de la diversité des réponses et du choix très orienté des arguments. En prenant en 1998 le plus payé des Américains, Michael Eisner (600 millions de dollars environ), et le revenu moyen du citoyen pauvre (8 000 dollars), on parvient sans effort à prouver que Michael Eisner, en termes de revenu, *« vaut » environ 75 000 pauvres*, équivalence dont l'Histoire n'offre guère d'exemple, sauf peut-être du temps de Gengis Khan ou de Tamerlan.

---

1. Gary Burtless, « Growing American Inequality », in *Brookings Review*, hiver 1999.

Cependant, si l'on considère dans le long terme les trois classes – *Well-to-do, poor, middle class* (riches, pauvres, classe moyenne) – en tant que telles, le jugement est beaucoup plus nuancé, pour ne pas dire différent. La croissance des inégalités n'est pas un phénomène récent. Après avoir régressé de 1947 à 1972, elles se mettent à croître à nouveau durant la première moitié des années 1970, puis leur courbe aurait plutôt tendance à s'infléchir à la fin des années 1980, le rapport classe moyenne/pauvres passant de 3,75 en 1948 à 3 en 1972, pour réatteindre 3,6 en 1997 et retrouver son niveau (historique ?) de l'après-guerre. En dix ans, le « miracle » n'y change rien. En revanche, il accroît considérablement le rapport riches/classe moyenne, et davantage encore celui entre riches et pauvres. Le diagnostic le mieux justifié sur les effets du miracle se limite à deux constats principaux : *les très riches (un individu sur vingt) sont devenus beaucoup plus riches que tous les autres ; les pauvres sont restés pauvres dans l'absolu et sont devenus beaucoup plus pauvres, comparés aux riches.*

Le « miracle » réside pour l'essentiel dans l'explosion de revenus et de fortunes inimaginables il y a seulement dix ans. Pour le reste, la société américaine s'est toujours débrouillée seule, sans le « secours » de conjonctures exceptionnelles, pour que subsiste, indépendamment de toutes les vicissitudes, une population de pauvres qui sont à la limite de la survie en société civilisée, aux niveaux européens du RMI (2 500 FF) en France ou du MD Jobs (630 marks) en Allemagne. *Replacé dans l'évolution à long terme, le « miracle » ne concerne donc directement que les très hauts revenus.* Cette limite ne laisse pas moins en l'état l'interrogation sur les raisons pour lesquelles les pauvres s'entêtent à le rester, « résistent » à toute croissance durable, et, surtout, paraissent se résigner à leur exclusion économique et sociale, sinon politique.

Les paradigmes sociaux à l'épreuve du « miracle »

Le « miracle américain » entretient avec les grands paradigmes des relations diverses et, pour certaines, contradictoires.

La politique américaine, soi-disant anti-keynésienne, en particulier sous Reagan, n'en a pas moins financé l'accroissement des dépenses militaires par le déficit budgétaire et a redistribué des revenus en faveur des plus pauvres. Ces dix dernières années, les pauvres ont continué à faire l'objet de soins financiers, ainsi qu'en atteste l'élévation à trois reprises du salaire minimal au cours de cette période.

Les tenants du libéralisme néoclassique ont quelque difficulté à soutenir que la productivité du travail explique à elle seule l'envolée des revenus des riches. Celle-ci n'est-elle pas provoquée aussi par la hausse des Bourses, cet « environnement » résolument favorable aux qualités de Michael Eisner ?

Mais c'est dans ses relations contradictoires avec les thèses marxistes que le « miracle américain » est le plus intéressant à considérer. D'une part, il apporte beaucoup d'eau à un moulin qui tourne certes moins vite, mais qui pourrait, un jour de pénurie d'énergie, servir de nouveau ! Cette période exceptionnelle de croissance, d'innovation, d'enrichissement, engendre indiscutablement une inégalité sociale croissante ou, si l'on préfère, en des termes appropriés au XXIe siècle et non plus au XIXe, un élargissement considérable du fossé existant entre trois mondes dont on peut affirmer qu'ils constituent désormais trois sociétés différentes. Même si les héritiers – longs à apparaître... – de Bill Gates sont particulièrement peu doués, et à moins qu'ils ne soient joueurs et flambeurs, il est peu vraisemblable qu'ils en viennent à se retrouver un jour dans la *middle class*, pour ne pas évoquer l'hypothèse qu'ils puissent retomber en pauvreté. Une « fondation Gates » sur le modèle de la fondation Ford devrait à l'avenir occuper les Bill Gates IV, V et plus...

Rien n'est certes irréversible, mais le clivage de la société américaine, tel que l'aura accru le « miracle » des années 90, paraît difficile à atténuer dans les prochaines années. Et il faut avouer qu'il ressemblerait fort aux catégories sociales de Marx si la classe moyenne ne s'était interposée entre le *Lumpenproletariat* (les pauvres d'aujourd'hui) et les capitalistes (les riches de l'accumulation et de la consommation du profit). Cette intermission change assurément tout le tableau des inégalités, encore que l'extension numérique de la population « moyenne », jointe à l'égalisation des conditions de vie de ses membres, permettrait de considérer la vision marxiste comme simplement repoussée aux deux extrêmes si elle n'achoppait alors sur le constat de la permanence de « pauvres » résignés à leur sort, ne provoquant aucun désordre, encore moins porteurs de quelque idéal ou ferment de « révolution ».

Tel est l'échec le plus patent des théories inspirées de Marx. Le « miracle » récent donne raison à une société américaine qui, à quelques exceptions près, a toujours traité par une souveraine indifférence théorie, doctrine et idéologie marxistes, « bonnes pour l'Europe ». Il a simplement enfoncé le clou du *« benign neglect »*. Les pauvres, bien que vraiment pauvres et nombreux (un citoyen sur sept ou huit), ne provoquent que des désordres sporadiques. Ils se calment sitôt qu'ils occupent un emploi, ce qui est le cas aujourd'hui et ce qui explique l'amélioration très nette de la santé sociale des États-Unis d'après la plupart des observateurs.

À cette situation définitivement confortée par le *« New Miracle »*, plusieurs explications, d'autant plus intéressantes à énoncer que les États-Unis sont sans nul doute exemplaires, au moins pour les sociétés à niveau de développement voisin, dont la nôtre :

D'abord, le fait que les inégalités économiques, en l'occurrence de revenu, n'épuisent pas le domaine des inégalités sociales. Cette question fait l'objet d'un débat contradictoire. Certains affirment que les inégalités sociales[1], par exemple en matière de santé, sont beaucoup plus intenses que celles de revenu – ce qui ne ferait que renforcer la légitimité de l'étonnement face à la résignation des plus pauvres. D'autres émettent une opinion opposée, étayée comme il convient par des évaluations écosociométriques : des phénomènes sociaux seraient à l'origine des inégalités de revenus.

Pour facile à admettre qu'il soit, le jugement selon lequel les relations entre les deux types d'inégalités seraient fortes a récem-

1. M.L. Miringoff, S. Opdycke et M. Miringoff, « The Growing Gap between Standard Economic Indicators and the Nation's Social Health », in *Challenge*, juillet-août 1996.

ment bénéficié de quelques précisions. Les disparités du salaire masculin compteraient pour 28 % dans les inégalités de revenus ; celles du salaire féminin pour 5 %. Près des deux tiers proviendraient donc d'autres horizons : 20 % de la monoparentalité, 13 % de la mise en activité des femmes des couples mariés riches, le tiers restant d'autres origines (âge, race, régions[1]...). De l'ensemble de ces observations permanentes, une conclusion se dégage : les disparités économiques ne constituent qu'une cause, sans doute minoritaire, de la disparité des conditions sociales, en particulier de l'état de pauvreté.

Une raison permettant d'expliquer de manière encore plus justifiée la passivité des « pauvres » américains tient précisément à la « poursuite ininterrompue de la croissance ». Ayant permis une aisance budgétaire accrue, les aides aux pauvres ont pu se développer et se diversifier. Mieux encore : les États-Unis ont atteint un niveau d'accumulation et de

1. Cf. *Poverty in the United States : 1997, op. cit.*, et *Growing American Inequality, op. cit.*, pp. 33-34.

richesse tel que les disparités n'ont plus aucune des conséquences qu'elles eurent après la crise de 1929, voilà soixante-dix ans. De Mulh, président de l'American Economic Association, en vient à soutenir la thèse selon laquelle notre siècle – en particulier ces dix dernières années – a créé une disponibilité en nourriture, vêtements, gîte, etc., telle que le revenu est devenu de moins en moins significatif des disparités de confort et de bien-être[1]. Une espèce de « prise sur le tas » serait *in process*.

Pour engagé qu'il soit, ce point de vue, évidemment contesté par les Démocrates, n'en est pas moins conforme à l'idéologie autant qu'aux intérêts plus ou moins bien compris des entrepreneurs. Le divorce entre les conceptions sociales européennes et américaine demeure tout aussi fort. Outre-Atlantique, la pensée dominante prête aux inégalités la fonction – sans vicariance possible, sûrement pas « étatique » – de forcer les individus à ne pas rester sur le bord de la

1. M.H. Cooper, « Income Inequality », in *CQ Researcher*, avril 1998, p. 341 *sqq*.

route ; les pauvres doivent s'en sortir par eux-mêmes ; les aider revient à les inciter à se résigner et les prive d'ailleurs du mérite social de changer de condition. *Ils seraient comme une « armée de réserve » sociale, plus indispensable que la vieille armée de réserve industrielle.* Au demeurant, l'industrie, sous ses oripeaux du XIXe siècle, est décadente. L'argent doit se gagner avant de se dépenser (de plus en plus en communication). N'étant jamais « né » outre-Atlantique, Marx n'aura pas eu à y mourir. Pas de lutte des classes, mais une lutte contre « tous les autres » pour sortir la tête hors de l'eau.

Enfin flotte dans l'air, impalpable, autant dans les statistiques sociales que dans les discours politiques qui s'adressent aux pauvres ou qui en parlent, le sentiment, inexprimable, inexprimé, que les disparités les plus fortes sont naturelles et que l'espèce humaine doit faire son deuil de certains de ses membres : 13 % de pauvres, après le « miracle » comme avant. C'est que leur nature les exclut du Grand Fleuve et les rejette sur ses rives. Le progrès technique a son prix – dont la permanence des pauvres, ceux qui *ne sauront jamais nager.*

4

LE « MIRACLE » ET LE MONDIALISME

Avant même que ne commence la décennie miraculeuse, la société américaine se voit offrir sur un plateau une hégémonie mondiale comme il n'en a existé aucune depuis l'Empire romain. L'URSS éclatée et aussitôt revenue à son errance historique, les États-Unis peuvent désormais anéantir quelque nation que ce soit sans courir aucun risque sérieux. On conçoit qu'ils tiennent beaucoup à cette situation, d'autant plus qu'elle fut engendrée par les avanies des nations européennes tout au long du XXe siècle beaucoup plus qu'elle ne traduisit de leur part des efforts impérialistes opiniâtres. Les États-Unis demeurent toujours et d'abord eux-mêmes. Ce qui ne les détourne point, les conduit même parfois à faire montre d'un messianisme janusien : le Marché et la Démocratie pour tout un chacun. Et d'offrir leur aide à tous ceux qui n'osent pas franchir ce nouveau Rubicon. Le Mondialisme était déjà devenu une idéologie politico-économique avant même que n'ait commencé, il y a dix ans, l'interminable expansion qui, outre-Atlantique, n'est toujours pas terminée.

Aux États-Unis, l'idéologie est surtout à usage externe ; le pragmatisme règne, lui, sur la vie domestique, insensible à toutes les vicissitudes des relations internationales. Ces dix années de « miracle » n'échappent pas à cette norme. Les Américains ne s'intègrent au monde ni plus ni moins que l'évolution de leur économie domestique l'exige, ce qui les rend de plus en plus tributaires de l'aide financière mondiale. Leur « miracle » en acquiert une intensité supplémentaire. Et leur monnaie y puise une vigueur nouvelle.

La poursuite de l'intégration mondiale

Étant donné la part – la première – prise par les États-Unis dans l'idéologie de la mondialisation, l'évolution de leurs échanges extérieurs durant ces dix dernières années paraît quelque peu en retrait d'une légitime attente.

Leur intégration mondiale n'a pas manifesté d'accélération brusque ni même notable[1]. En 1989, les importations totales (biens et services) représentaient 10,8 % du Produit national, et les exportations 8,9 %. En 1998, les premières se sont élevées à 13 % et les secondes à 11 %. Elles ont certes continué à augmenter, mais sans plus, en tout cas sans traduire de volonté délibérée d'accroître leur interdépendance avec le « reste du monde », pourtant bien faible, comparée à celle de l'Europe et même du Japon. Le « miracle » n'aura guère modifié le statut encore presque autarcique – ce qu'il était en 1950 – de l'économie américaine, qui ne dépend du

1. Pour l'ensemble des données concernant les échanges extérieurs, voir *Survey of Current Business*, Department of Commerce.

reste du monde que pour environ dix pour cent de sa production.

L'évolution de la composition des exportations et des importations américaines manifeste-t-elle une tendance à la mondialisation ? Les États-Unis ont-ils modifié significativement la part des biens industriels et des services dans leurs achats et leurs ventes à l'étranger ? Ont-ils saisi l'occasion de leur « révolution informationnelle » pour infléchir leur spécialisation internationale, ainsi qu'on serait en droit de le penser ?

À considérer les importations, on constate que la part relative des marchandises et des services ne varie guère : 21 % de services en 1989, guère moins aujourd'hui (19,7 %). Diminution, certes, mais conforme à la tendance à long terme. L'évolution en faveur des marchandises, elle, aurait plutôt tendance à se ralentir.

Du côté des exportations, le constat est identique. Les exportations de services, qui représentaient 35 % de celles des marchandises en 1989, passent à 40 % en 1998, ce qui pourrait indiquer une spécialisation délibérée de la production en leur faveur. Mais, à considérer 1965, cette conclusion paraît bien rapide. Voilà trente ans, l'importance des services était déjà égale à 30 %. On aura donc assisté à une légère augmentation des services dans les exportations américaines, sans plus.

L'observation de l'évolution de la composition des importations et des exportations américaines par grands types d'activités débouche sur deux constats.

Le premier n'a rien d'étonnant en soi – bien qu'il ne fasse l'objet d'aucune publicité : la décennie « miraculeuse » contient bien, en fait, une accélération d'une évolution à long terme, mais celle-ci concerne les activités *primaires*, agricoles et extractives, qui sont en train de *disparaître* à vive allure des échanges entre les États-Unis et le reste du monde. L'agriculture représentait 24 % des exportations en 1965, 12 % en 1989, et 8 % en 1998 ; les industries extractives, respectivement 29, 25 et 21 %. Du côté des importations, leur déclin est encore plus net : soit 19 %, 5 % et 4 % pour la première ; et 52 %, 27 % et 21 % pour les secondes. *Ainsi, beaucoup plus qu'une substitution industries/services, la dernière décennie du siècle aura vu l'accélération du désengagement des activités primaires*, dont la cause essentielle ne réside pas – une fois encore – dans un volontarisme public, mais dans le changement des besoins correspondant à des productions nouvelles de moins en moins exigeantes en matières premières.

Les échanges extérieurs américains ne font que traduire les effets de la substitution entre information et énergie. *L'essentiel du recul des activités primaires a bénéficié au secondaire et non pas au tertiaire.* L'industrie prend presque toute la place abandonnée dans les exportations par le secteur primaire depuis 1965 (18 % sur 24 %). Il en va de même dans les importations (34 % sur 46 %). *La décennie n'a donc presque pas accéléré le mouvement séculaire Primaire → Secondaire → Tertiaire, et, surtout, n'a pas privilégié le second transfert par rapport au premier.*

Le second constat concerne les fameux services, dont la composition aura connu une évolution nouvelle. Pour les exportations, il est remarquable que les parts des services militaires et des loisirs ne se soient pas modifiées durant ces dix dernières années, alors que les services dits « autres » – en fait, ceux liés à l'information –, se sont substitués aux services liés aux biens matériels (+ 6 %, – 6 %). Pour les importations, cette substitution est encore plus nette : les services d'information ont pris la place des échanges militaires (+ 26 %, – 26 %).

Une surprise plus nette s'impose lorsqu'on examine la modification récente *des échanges extérieurs par grandes zones géographiques.* L'accent mis depuis dix ans sur le développement du continent asiatique justifierait une tendance à la réorientation des échanges des États-Unis en faveur de cette zone. *Or, entre 1989 et 1998, la part de l'Asie dans les exportations américaines de marchandises ne change pas, et elle diminue (– 3 %) dans les importations,* ce qui est franchement surprenant. Ce qui l'est moins, c'est la montée de la Chine (+ 4 %) au détriment du Japon (– 6 %). L'évolution du « commerce » avec l'Europe montre, elle, une nette diminution de la relation Europe/États-Unis (– 4 % pour les exportations, – 1 % pour les importations). C'est donc qu'un *autre continent*, qui ne peut être que *le reste du continent américain*, a vu son importance croître : en l'occurrence + 6 % pour les exportations et + 4 % pour les importations.

Ce constat est sans doute l'un des plus significatifs de la croissance « fin de siècle » des États-Unis. Une fois encore, alors que leur discours et leur diplomatie réservent à l'Asie la part du lion, la seule intégration qui se réalise dans les faits concerne le continent américain. Il s'agit d'ailleurs de la seule qui soit volontaire, d'obédience publique, ainsi que le manifestent le traité de l'Alena et les accords commerciaux conclus avec le Canada.

Serait-ce montrer trop de révérence envers l'Histoire que de voir, à travers cette évolution, pointé à nouveau, l'index de Monroe, qui se serait allongé à la dimension d'un semi-continent – l'Amérique du Nord –, encore que certaines nations du Sud ne soient pas en reste (l'Argentine, par exemple) ?

Toutes ces évolutions des échanges extérieurs des États-Unis depuis dix ans n'apportent rien de nouveau. Elles manifestent plutôt la poursuite, à son rythme historique, du retrait de l'économie américaine des activités les plus pénibles, son maintien dans les activités industrielles – avec néanmoins quelques sursauts, comme dans le secteur automobile –, et le lent développement des activités de services, tout cela sans sacrifier à la mondialisation autrement qu'en associant davantage les nations nord et sud-américaines à sa croissance.

Pas de miracle « extérieur » dans le miracle domestique, sinon la croissance continue et spectaculaire d'un... déficit des échanges qui, associé à la montée du dollar dans la seconde moitié de la décennie, ne va pas sans susciter un étonnement « théorique » et apporter un argument supplémentaire aux admirateurs et prosélytes du modèle américain.

Un déficit extérieur « miraculeux »

L'évolution du déficit extérieur des États-Unis durant cette décennie a toutes les caractéristiques du « miracle » : sa durée, son importance croissante, la nature de son financement et l'insensibilité impériale du dollar à un phénomène qui, en d'autres pays ou circonstances, eût provoqué une dévaluation d'envergure de la monnaie.

En 1991, *la balance extérieure (BOC) américaine était équilibrée*, services et transferts compensant un déficit des biens de quelque 70 milliards de dollars. En 1992, la croissance recommence et, avec elle, le déficit apparaît : – 51 milliards de dollars. Depuis lors, la croissance aura été quasi ininterrompue et le déficit aura suivi : – 86 milliards de dollars en 1993, – 124 en 1994, – 155 en 1997, et, pour faire bonne mesure, – 233 en 1998. 1999 s'annonce « bien » avec – 260 à – 300 milliards de dollars.

Pour nous en tenir à 1998, le déficit de 233 milliards de dollars a pour origine essentielle celui des échanges de biens (– 248), compensé par un excédent des services (+ 79), mais alourdi par le solde négatif des revenus et autres transferts (– 64). Ce déficit non seulement s'est accru régulièrement, mais est devenu de plus en plus rapproché du déficit des échanges de biens, *le service de la dette annulant l'excédent des services.*

Le montant actuel de ce déficit doit être apprécié en valeur absolue, certes, mais aussi en valeur relative. *Il correspond pour 1998 à un peu moins de 3 % du Produit national américain, soit un peu moins de 1 % du Produit mondial.*

Comment se fait-il que les avertissements régulièrement proférés par le gouvernement américain sur les dangers de ce déficit et la nécessité d'y mettre fin ne soient pas suivis d'effets, et paraissent même déboucher sur des effets contraires ? Et comment se fait-il qu'un tel déficit puisse être maintenu et accru ? N'est-il point miraculeux, en effet, qu'entre 1997 et 1998 il ait pu augmenter de 50 %, passant de 155 à 233 milliards de dollars ?

Or il est très heureux – et pas seulement pour les États-Unis ! – qu'il en ait été ainsi. Imaginons un instant ce qu'impliquerait le « retour à l'équilibre » de la balance extérieure américaine. *Ni plus ni moins qu'un nouveau « choc » du type de celui qui emporta en 1973 toute l'économie mondiale.* La situation actuelle met en jeu des ordres de grandeur semblables. À l'époque, les pays consommateurs de pétrole entraient en déficit à concurrence de 3 % de leur Produit national, alors que l'excédent des pays producteurs représentait 1 % du Produit mondial. Il est donc tout à fait légitime d'affirmer que l'*économie mondiale n'a plus qu'un moteur.* Si les États-Unis adoptaient une politique de réduction de leur déficit, toute l'économie mondiale subirait une crise sans précédent. Le danger est tel qu'on comprend fort bien le consensus général dont ce déséquilibre durable bénéficie. *Une vraie crise serait au rendez-vous de sa disparition.*

Ce déficit a-t-il pour autant été créé par la communauté mondiale ou par une politique délibérée des autorités américaines concernées ? Sa croissance progressive révèle clairement son origine : il est dû à *la disparité entre la croissance des États-Unis et celle du reste du monde (essentiellement l'Europe et le Japon).*

Comme on commence à le savoir, en économie ouverte, tout déficit extérieur d'une nation est égal au déficit de son épargne par rapport à son investissement. Mais il est moins bien perçu que toute *disparité de croissance entre deux nations* – ici entre les États-Unis et le reste du monde – implique, à court terme sûrement, à moyen terme fort souvent, *le déficit extérieur de celle qui croît le plus vite.* Dans le cadre de leurs échanges, les importations des États-Unis sont égales aux exportations du reste du monde, et inversement. Si, comme on doit l'admettre, la part des importations dans le Produit national américain et dans celui du reste du monde ne varie pas ou varie peu à court terme, la croissance « miraculeuse » des États-Unis, plus rapide que celle du reste du monde, fait augmenter leurs importations plus que leurs exportations, lesquelles ne sont autres que les importations du reste du monde. *Ainsi, le déficit extérieur du pays « miraculé » ne cesse de croître, en même temps évidemment que l'excédent du reste du monde, qui se trouve à l'écart de la « grâce divine »*.

Aussi faut-il ajouter à l'égalité entre le déficit extérieur et le déficit d'épargne un nouveau terme : *la disparité des rythmes de croissance*. On n'a plus alors de raison de s'étonner de la poursuite et de la croissance du déficit américain, au moins aussi longtemps que le miracle perdurera.

La détection de l'antécédence de l'accroissement qui entraîne les deux autres est plus ou moins délicate. En l'occurrence, elle est pourtant quasi immédiate. Comme à leur habitude, les États-Unis ont connu leur expansion après deux ans de purgatoire. Au début de la décennie, en 1991, Internet ne régnait pas encore sur les esprits. Et cette expansion aurait pu être traditionnelle et s'interrompre au bout de quatre ou cinq ans si, au moment même où elle s'amorçait, le

Japon ne s'était écroulé, et si l'Europe, pour cause d'euro, n'était entrée dans une quasi-stagnation qui aura résisté longtemps à l'exorcisme de la « pensée unique ». Aussi les États-Unis, à la croissance historique lente mais régulière, ont-ils été poussés à la disparité beaucoup plus par l'effacement des deux autres continents que de leur propre chef.

Une fois le mécanisme enclenché, les enchaînements ont joué. La disparité de la croissance a peu à peu – mais aussi régulièrement qu'elle se creusait – provoqué un déficit d'épargne qui lui était égal. Puis vint Internet, dont les effets psychologiques ont été aussi déterminants que les effets réels, au point qu'il n'est plus possible de les dénouer. Wall Street s'en mêla. La hausse elle aussi régulière des plus-values boursières accrut la consommation (effet dit « de patrimoine[1] »),

1. L'effet de patrimoine ou « effet Pigou », du nom de son « inventeur », établit que la consommation ne dépend pas simplement du revenu, mais aussi de la valeur du patrimoine et, en particulier, de ses éléments mobiliers. Autrement dit, une partie (assez faible, d'ailleurs) des plus-values boursières est consommée.

donc diminua l'épargne domestique[1], donc égalisa sa carence au déficit des échanges extérieurs. *Puis, d'autant plus que le Japon persévérait dans ses erreurs et que l'Europe trouvait dans l'espoir d'une monnaie unique un alibi à son vieux tempérament de rentière, la croissance américaine devint « miraculeuse ».*

En d'autres temps, la question du « qui paie ? » qui fait toujours fureur, eût suscité d'interminables débats. Pour ce « miracle » des États-Unis dont la poursuite tient au financement de leur déficit extérieur – qui est allé jusqu'à leur permettre de faire disparaître leur déficit budgétaire ! –, la réponse est immédiate : le reste du monde, bien sûr. Jusqu'en 1993, le mécanisme d'un surcroît d'épargne mondiale venant compenser la carence de l'épargne américaine ne s'était pas

1. Qui ne diminua pas, bien sûr, jusqu'à zéro, pour peu qu'on procède à des calculs statistiques sérieux, ce que viennent de montrer H. Bandchon et V. Chauvin : « Les cigales épargnent-elles ? Une comparaison des taux d'épargne français et américain », in *Revue de l'OFCE*, janvier 1999. Sur l'égalité entre carence d'épargne et déficit extérieur, voir P.T. Bernstein, « What did we gain from zapping The Deficit ? », in *Challenge*, mai-juin 1998.

encore enclenché. Ce fut chose faite en 1994. *En 1999, ce financement est au cœur du « miracle », mais aussi de tout le système mondial qui n'a plus d'autre soutien que ce flux massif de capitaux (3 % du PNB américain ou 1 % du Produit mondial).* En 1997, année pour laquelle nous disposons d'évaluations fiables, les 256 milliards de dollars de déficit de la BOC[1] des États-Unis auront été financés par un apport de capitaux étrangers de l'ordre de 300 milliards de dollars, ce qui aura permis aux États-Unis de faire encore quelques investissements directs dans le reste du monde (pour 30 milliards de dollars).

Encore s'agit-il là de transferts de capitaux nets, court et long termes confondus, et non des flux bruts, à court terme notamment, difficiles et d'ailleurs assez inutiles à évaluer, si ce n'est par ceux qui y participent. Quelle que soit l'importance de ces transferts bruts[2], le

---

1. La balance des opérations courantes comprend l'ensemble des échanges de biens matériels et de services ainsi que les dépenses de transferts unilatéraux et de revenus. La balance de base ajoute à cette balance des opérations courantes les mouvements de capitaux à long terme.

2. Un effort très méritoire a été accompli dans ce sens : voir Éric Barthalon, « Les États-Unis, payeurs en dernier ressort », in *BNP Conjoncture*, janvier 1999.

socle du « miracle » est bien le financement « par l'étranger » du déficit extérieur – *ajoutons : sans que le dollar baisse, au contraire.*

Qui est cet « étranger » ? Au début, les Japonais qui eurent très tôt et ont toujours un excédent d'épargne de la même importance relative que la carence américaine (3 % de leur PNB). Mais, comme leur Produit national équivaut aux 2/5 du Produit américain, ils ne suffisent pas. L'Allemagne a prêté son concours à ce financement aussi longtemps qu'elle n'a pas eu à faire face à la réunification. Sa place a été prise dans le calme par la *France et l'Italie, ainsi que par tous les pays où la croissance lente dégageait un excès d'épargne.*

Plutôt que d'évoquer ici des nations, il conviendrait de préciser qu'il s'agit des revenus et des fortunes les plus élevés (ménages et entreprises). Parmi ceux-ci, les ménages suffisent d'ailleurs à assurer le financement de ce déficit. Le rapport Merrill Lynch et Gemini Consulting[1] fournit à ce sujet des éva-

1. Merrill Lynch/Gemini Consulting, *World Wealth Report 1999*, avril 1999.

luations instructives. Si riches sont, de par le monde, ceux qui gagnent plus d'un million de dollars, leur fortune totale s'élève en 1998 à 21 600 milliards de dollars, soit l'équivalent annuel du Produit mondial. Les fortunes des riches Américains comptent là-dedans pour 6 922 milliards de dollars, celles des Européens pour 5 600 milliards, celles des Asiatiques pour 4 400 milliards et celles des riches Sud-Américains pour 2 700 milliards. D'ici à cinq ans, si toutes les évolutions financières se prolongent sans grand changement, ces riches du monde entier « vaudront » 32 700 milliards de dollars. Bien conseillés, agissant à la vitesse de l'électricité de marché en marché, ils constitueront sous peu un *pouvoir mondial* qui ne *demandera* qu'à *être organisé.* Si Internet se mettait un jour au service de ceux de ces riches qui acceptent de coopérer, les pouvoirs publics monétaires auraient quelque souci à se faire...

Quant à savoir pourquoi cette épargne s'en va alimenter, à travers le financement de son déficit, la poursuite du « miracle américain », la réponse va de soi : Wall Street, évidemment, et ses valeurs Internet. Ainsi les phénomènes caractéristiques de l'évolution conjuguée de l'économie (et de la société) américaine et de l'économie mondiale sont indissociables. L'un viendrait à manquer que le système hoquèterait avant de se bloquer, faute de mesures de compensation. Mais, aussi longtemps que chacun répond présent à l'appel, que les profits des entreprises spécialisées en Internet ne baissent pas, que la disparité de croissance demeure favorable aux États-Unis, que les revenus et les fortunes privilégiés du reste du monde achètent les actions que les ménages américains leur vendent en faisant des plus-values qui les aident à consommer, le « miracle » continuera comme à Lourdes...

On voit ainsi que les origines du « miracle américain » sont tout autant localisées – sinon plus – dans le reste du monde qu'aux États-Unis mêmes. Certes, ceux-ci ont largement mérité de tous en étant les pionniers de la révolution des communications. Mais toutes les autres nations développées les ont ensuite aidés – du moins leurs rentiers en mal de placements rémunérateurs, peu attirés par la trop faible croissance du monde non américain, et aimantés par les placements à Wall Street. *Nous sommes – enfin ... les plus riches d'entre nous ! – les associés de seconde main, les actionnaires d'une entreprise mondiale dont nous avons délégué la gestion aux États-Unis.*

Le dollar, éternel miraculé

Et le dollar ? Il se porte fort bien, merci ! Il pourrait même se porter mieux, n'étaient les soins constants dont il est l'objet de la part d'un président du Système fédéral de réserve qui, sans doute parce que sa banque n'est pas indépendante, s'est montré d'une redoutable efficacité sous l'équipe Reagan/Volker comme, à l'époque du « miracle », sous l'équipe Clinton/Reagan (sans oublier Rubin[1]).

Le dollar aura connu un début de décennie difficile, *oscillant autour de la parité du pouvoir d'achat, déjà insensible à un déficit* qui est resté faible, il est vrai, jusqu'en 1993. Mais, dès que ce dernier est devenu substantiel – à partir de 1995 –, il s'est fait résolu-

1. M. Rubin a été secrétaire d'État aux Finances. Il vient d'être remplacé par son adjoint direct, M. Summers.

ment *fort*, se surévaluant de près de 20 %, accentuant son avance au fur et à mesure que le déficit croissait.

« Bien le bonjour de la part des Fondamentaux ! » s'écrient certains esprits chagrins, oublieux d'un adage de type keynésien selon lequel les Fondamentaux s'imposent certes toujours, mais souvent après notre mort... La valeur réelle du dollar est aujourd'hui nettement au-dessus de sa parité de pouvoir d'achat mondiale[1] ; l'euro fort est aux oubliettes, et le yen est à 50 % au-dessous de ce qu'il fut en 1989.

Le dollar fort est inscrit dans les mécanismes du « miracle ». À Wall Street, les actions américaines sont toutes cotées en dollars. Cette monnaie est devenue celle des actifs financiers, quelle que soit leur nature (actions, obligations, actifs dérivés et opérations de spéculation en tout genre et par tous

1. Les transactions quotidiennes sur les marchés des changes mondiaux se sont élevées à 1 500 milliards de dollars par jour et celles des produits dérivés à 1 265 milliards de dollars par jour, soit, en trois ans (1995-1998), une progression de 45 %. Voir BRI, *Rapport annuel*, avril 1998.

les moyens, chaque jour plus sophistiqués, dont les montants quotidiens excèdent celui des exportations mondiales annuelles). La montée récente du dollar ne doit rien à une restriction de son offre par le Système fédéral de réserve. Au contraire : depuis 1995, cette offre s'est accrue et a permis la monétisation croissante de l'endettement domestique. La politique de change de M. Greenspan a été aussi intelligente et efficace que sa politique monétaire.

Dans les faits, le dollar est devenu une quasi-monnaie mondiale, ou plutôt *une monnaie quasi mondiale*. Il ne s'agit plus de la juger à l'aune de son importance dans les réserves des banques centrales qui vendent d'ailleurs aujourd'hui leur or pour le convertir en dollars, ni de sa place dans les transactions mondiales de biens et de services. *Le dollar est devenu la monnaie dans laquelle se conservent les encaisses des agents publics et, surtout, celles des riches du monde entier.* Il est devenu « la » monnaie de réserve mondiale, au point que certains pays souhaitent l'adopter comme *leur* monnaie (l'Argentine, par exemple, dont la sollicitation doit être prise au sérieux, ce qu'a d'ailleurs fait

M. Rubin avant son départ, précisant que le projet argentin ne susciterait pas de veto de sa part à condition qu'il soit bien entendu que la politique monétaire resterait de sa seule compétence, sans qu'il soit tenu compte de la situation argentine : bref, qu'il n'était pas question d'un quelconque Francfort, mais que Washington resterait à Washington...). *Les États-Unis sont aujourd'hui les payeurs en dernier ressort des engagements mondiaux ; ils le sont de fait, c'est-à-dire sans engagement institutionnel ou contractuel de leur part.*

Aussi longtemps que dure le « miracle », cette mondialisation du dollar lui assure un niveau au moins égal à l'actuel, même si le déficit extérieur vient encore à s'accroître. Cette situation n'est pas exempte de quelques inconvénients, comme toujours. La force actuelle de la spéculation ne pourrait que constituer une menace croissante si les flux de capitaux se mettaient à s'inverser. Mais, pour aller où ? Question que les Japonais laissent sans réponse depuis qu'ils sont devenus les créanciers des États-Unis avant que le reste du monde riche ne les suive dans cette voie.

L'accumulation de l'endettement est un autre inconvénient, du moins en théorie. Les États-Unis, qui étaient au début de la décennie créanciers nets à l'égard du reste du monde pour environ mille milliards de dollars, seraient aujourd'hui débiteurs pour un montant équivalent. À force d'emprunter, certains riches deviennent débiteurs. Ils n'en sont pas moins iréniques, aussi longtemps que leurs créanciers ne sollicitent pas le remboursement – ce que ces derniers ne sont d'ailleurs pas enclins à faire, compte tenu de ce qu'ils perdraient à l'opération : la baisse inévitable du dollar leur porterait un préjudice bien supérieur aux avantages qu'ils en tireraient.

À supposer que le « miracle » dure, l'analogie avec les situations respectives des États-Unis et de la Grande-Bretagne au cours de la première moitié du siècle deviendrait patente. L'Angleterre, dominante industriellement au XIXe siècle, puis financièrement jusqu'en 1939, avait alors trouvé le moyen d'accroître son endettement, sous la forme des fameuses *balance sterlings*, bien au-delà de ce que justifiait la vitalité de son économie. Les États-Unis feraient aujourd'hui de même, dans une impunité totale et fort compréhensible. L'Angleterre qui s'endettait entre 1918 et 1940 était déjà un « ancien riche » ; eux sont un « nouveau riche », le meilleur des riches, auquel prêter indéfiniment. Le dollar ne pourrait réellement souffrir – une monnaie peut souffrir en devenant ou bien « trop forte », ou bien « trop faible » – que si le « miracle » s'interrompait.

Le dollar et la fin du « miracle »

Il est certain que si le miracle américain venait à s'arrêter, le dollar en serait le premier informé. Mais une telle perspective est-elle possible, à quelle échéance, et avec quels effets sur cette monnaie quasi mondiale ?

Cette éventualité pourrait avoir trois origines différentes qui ne s'excluent que partiellement.

La première est que le profit ne soit pas au rendez-vous, ce qui paraît à certains tout à fait possible. La part des profits dans le Produit national américain a atteint un niveau tel que toute croissance supplémentaire impliquerait soit une baisse de la consommation, consécutive à la baisse des salaires, soit une accentuation du déficit extérieur. Seul ce second cas de figure ne mettrait pas en cause le maintien du « miracle », mais au prix d'un endettement croissant. Il n'en serait d'ailleurs que doublement favorable au dollar.

Cette considération ne doit pas dissimuler que la baisse des profits des entreprises – ou leur infériorité par rapport aux attentes – devrait trouver une origine fort prévisible dans la concurrence effrénée qu'attisent les occasions offertes par Internet. La naissance et le premier âge d'un secteur sont les temps bénis des rêves les plus fous, mais aussi des déconvenues totales. Puis, au fur et à mesure que se développe le secteur, la lutte entre les survivants s'intensifie, la concurrence dite monopolistique évoluant assez vite vers un oligopole de plus en plus restreint. À cela devrait s'ajouter la concurrence entre les entreprises d'amont et d'aval qui assurent la transmission des messages, lesquels finiront par saturer assez vite le web si sa densité n'est pas très rapidement accrue.

Aussi la hausse des taux de profit et celle du profit global sont-elles à l'avenir exclues, bien que le peuple, surtout lorsqu'il est riche, demande toujours plus dès lors que le « miracle » perdure. Il est même fort probable que la hausse du taux des salaires (donc la baisse du taux de profit) devrait finir par se produire avec la hausse ininterrompue du taux d'activité. Mais rien ne permet de penser que la baisse concomitante du taux de profit soit spectaculaire, ni donc que ses effets aillent au-delà d'une stabilisation, voire d'une légère diminution du prix des actifs financiers américains. Wall Street ainsi « corrigé » dissuaderait certes quelque temps les rentiers de ce côté-ci de l'Atlantique, mais la lancinante question se poserait pour eux comme depuis dix ans pour les Japonais : où aller ? où être plus en sécurité qu'à l'abri du pouvoir mondial des États-Unis ? La sécurité vaut bien quelques déceptions qu'on peut toujours espérer provisoires.

La seconde cause de l'arrêt du « miracle » serait le retour de l'inflation outre-Atlantique, guetté du haut d'une forêt de miradors, plus que ne le faisait Sœur Anne, par tous ceux qui, de près ou de loin, font métier d'épier les variations du dollar. Ce retour n'est pas à exclure. Il est même inscrit dans l'évolution de la population active depuis le début de la décennie. Jusqu'ici, l'absence de toute augmentation du taux de salaire moyen a résulté d'une part de la mise en activité de nombreuses femmes, d'autre part de l'accroissement de la durée du travail. Au fur et à mesure que la croissance se poursuivait, cette armée de réserve s'est épuisée et ne pourrait être réalimentée – et encore, très lentement – que par une évolution démographique favorable à l'offre de main-d'œuvre. Or celle-ci n'est guère probable. Le taux de reproduction net de la population américaine est assez voisin du nôtre. Il ne suffit pas à assurer le maintien des effectifs de la population active. Quant au recours toujours possible à l'émigration, il est considéré avec circonspection, étant donné les difficultés d'intégration d'une population latine qui modifierait trop et trop vite la composition ethnique des États-Unis. Bien qu'on puisse trouver dans l'absence de racisme américain[1] – jugement beaucoup moins paradoxal qu'il y paraît et que nous

1. R.A. Levine, « Questions and Answers : Why does America prosper so ? » in *Herald Tribune*, avril 1999.

sommes collectivement en droit de l'avancer – une des causes sociologiques du « miracle », on ne voit pas le gouvernement fédéral stimuler les flux de l'émigration mexicaine – ou autre – pour accroître l'offre de travail à un rythme tel que la stagnation des salaires réels se poursuive indéfiniment.

Aussi, aux yeux de certains, est-il inscrit dans les astres que le maintien du taux de croissance actuel s'accompagnera, à relativement court terme, d'une tension, d'abord sur les salaires les moins qualifiés, puis, par contagion, sur ceux de l'ensemble de la classe moyenne. *On serait alors conduit à voir réapparaître une inflation des flux qui s'ajouterait à celle des actifs financiers.* Le Dow Jones ne serait plus seul à monter. L'indice des prix des biens de consommation le rejoindrait. Et si les autorités monétaires assistaient, impavides, à la résurrection de cette seconde inflation, Wall Street marquerait le coup, à brève échéance, beaucoup plus nettement qu'en cas de baisse des profits, ce qui provoquerait un recul des capitaux étrangers, donc une baisse du dollar qui subsisterait plus longtemps que celle de Wall

Street, avec ses enchaînements inévitables sur le déficit extérieur, donc sur l'épargne et l'investissement domestique.

Cette éventualité fait peu de cas des réactions de M. Greenspan. La Réserve fédérale ne pourrait rester indifférente à une telle situation. À plus ou moins brève échéance – après s'être « assurée » du retour de l'inflation des flux –, elle préviendrait, par toute une série de mesures, dont la hausse des taux d'intérêt, l'emballement d'un processus inflationniste qui se nourrirait à la source domestique et à l'extérieur (baisse du dollar). Tout serait vite en place pour provoquer un ralentissement de la croissance qui mettrait fin à la peur d'une réinflation incontrôlée. Le « miracle » s'achèverait alors, mais le mieux du monde. On pourrait même réussir un *soft ceiling* : prendre de vitesse le retour de l'inflation, ce que M. Greenspan, qui nous a si bien habitués, a sûrement la volonté et le pouvoir de réaliser.

Cette prouesse, qui a peut-être déjà été amorcée, laisserait proches de leur niveau actuel le Dow Jones et autres Standard and Poors, le taux d'inflation et le cours du dollar.

Rien n'autorise à penser que tel n'est pas déjà le cas[1].

Reste une troisième cause possible de la fin du « miracle », dont la particularité serait de ne pas dépendre des États-Unis, mais du reste du monde. Cette éventualité n'est pas exclue, en dépit des avantages que trouvent partout à la situation actuelle les plus grandes fortunes individuelles et certaines entreprises mondiales. Mais le pouvoir des rentiers, pour important et croissant qu'il soit – allongement de la durée de vie et baisse des taux de natalité obligent –, ne saurait indéfiniment brider la volonté des classes jeunes d'entreprendre et « de ne pas subir », pas plus que celle des élites politiques du reste du monde de ne pas accepter éternellement le statut des *civitae faederatae* au temps de l'Empire romain. La création de l'euro ou le réveil chinois sont deux des manifestations patentes de ce refus.

1. La réussite d'une telle stratégie établirait l'extraordinaire efficacité de la politique monétaire américaine qui doit assurément, ces dernières années, à son couple directeur, Rubin/Greenspan, mais aussi à son organisation institutionnelle. Voir notre article in *Revue du conseiller du Commerce extérieur*, juin 1999.

Que se passerait-il donc si, profitant ou non d'un incident de la croissance américaine, l'Europe ou le Japon, ou les deux, « décidaient » de retrouver un rythme de croissance digne de leur passé récent ? Cela expliquerait la croissance brutale de leur investissement domestique, et, par suite, leur épargne ne s'accroissant qu'avec un décalage d'au moins deux ans, la réduction, voire la disparition de leur *excédent d'épargne*, ainsi que ce fut le cas de l'Allemagne après sa réunification. Plus d'excès d'épargne du reste du monde ; donc plus de financement du défaut d'épargne américain ; donc hausse brutale du dollar ; donc réduction des exportations américaines et croissance décalée du reste du monde ; soit réduction de la croissance américaine, provoquant la baisse des importations et la réduction d'un déficit qui, faute de financement, doit d'ailleurs disparaître pour enrayer la hausse du dollar.

À dire vrai, cette éventualité est celle qui pourrait le plus sûrement mettre fin à un miracle américain qui est, par symétrie, le purgatoire du reste du monde. Mais pourquoi ceux qui vivent un miracle y mettraient-ils tout seuls un terme, si ce n'est par une ineptie qui ne saurait être le fait de M. Greenspan ? Que ferait-il, dans cette hypothèse, face à une hausse significative du dollar par rapport à l'euro et au yen ? Laisserait-il « jouer le marché », ce qu'il n'aime guère lorsqu'il risque de perdre (et nous avec lui) à ce jeu (voir le sauvetage récent des fonds d'arbitrage par ses soins) ? Et comment empêcher que le redémarrage de deux moteurs ne réduise l'arrivée du carburant à celui dont il doit assurer le haut régime ? *Élever les taux d'intérêt* ne serait guère souhaitable. Le temps que l'épargne domestique et les flux de capitaux étrangers s'accroissent, le dollar aura eu tout le loisir de s'apprécier – à la satisfaction des « Fondamentalistes » – et les exportations de souffrir avant que l'expansion de l'Europe et du Japon ne vienne les soutenir. *Accroître le déficit budgétaire* deviendra possible, puisqu'il sera devenu nul et aura même été remplacé par un excédent. Mais, outre que l'objectif est difficilement avouable et se verrait opposer la volonté du Sénat et celle de la Banque centrale, combien de temps faudrait-il pour qu'il soit opérant ? Deux ans au moins, et sans que l'on puisse être assuré que cette augmentation fasse son office (comme le Japon le montre depuis plus de cinq ans). En l'occurrence, le *fine tuning* cher à l'artiste Greenspan deviendrait fort difficile à trouver. La montée du dollar serait une montée en faiblesse dont l'intensité dépendrait de la confiance dont jouirait le Président en exercice. On a pu mesurer à certains événements récents – crises asiatique ou brésilienne – ce qui pourrait provoquer a contrario une franche reprise commune au Japon et à l'Europe.

Or les responsables de la politique économique américaine n'ignorent pas que tel est pour eux le scénario le plus dangereux : il déboucherait, après la fin du « miracle », sur une économie mondiale plus sûrement « nouvelle » que ne l'est leur économie d'aujourd'hui.

***

Le miracle américain mérite-t-il son nom ? Que la récession n'ait pas été au rendez-vous habituel en 1996, soit quatre ou cinq ans après le début de l'expansion, ne suffit pas à le justifier. Après tout, ce n'est pas la première fois que la croissance dure aux États-Unis plus longtemps que prévu. Il y a, dans notre anticipation de la répétition, une facilité qui finit toujours par l'erreur de prévision. Les cycles, dont on faisait grand cas durant l'entre-deux-guerres, ont disparu en Europe pendant trente ans sans qu'il ait été question d'années « miraculeuses », mais seulement « glorieuses ».

Le rythme décennal de croissance est-il exceptionnel ? Nullement. Il a même été inférieur (2,08 %), durant la première moitié de la décennie, au rythme de long terme (2,8 %) qu'il ne devrait atteindre que durant sa seconde moitié. Les observateurs de l'économie et de la société américaines se sont-ils leurrés, ou nous ont-ils leurrés ? *Ce « miracle » ne tient-il pas du mirage ?*

Non plus. Les familiers de ce demi-continent ont vu « quelque chose ». Ils ont vu une société heureuse accroître, fidèlement à son histoire, son niveau de vie et de confort dans le respect de ce qui constitue son credo : la protection de l'individu, toujours menacé par des pouvoirs collectifs. Ils ont vu aussi l'engagement enthousiaste de ses élites privées – chercheurs, entrepreneurs, dirigeants de toutes les instances économiques – dans l'aventure de la communication mondialisée, et l'exercice non moins déterminé de la puissance militaire par les élites publiques, ce qui peut effectivement, étant donné les habituels désordres de toute communauté humaine, y compris planétaire, être considéré comme un miracle – en espérant qu'il dure !

Mais ce miracle mérite-t-il d'être qualifié d'américain ? Son lieu de réalisation suffit-il à le déterminer ? À en démontrer les principaux ressorts, nous ne le pensons pas. Les États-Unis forment avec le reste du monde un couple qui fête ses noces d'or. Et il n'est pas de réussite ou d'échec qui puisse être imputé à un seul de ses membres, en ce domaine comme en d'autres. Le miracle américain n'est que pour moitié américain. *Une bonne moitié relève de la responsabilité du reste du monde, autrement dit de l'Europe et du Japon.*

On créditera les États-Unis d'être l'une des sociétés démocratiques les plus flexibles que notre espèce ait jamais connues. Ces dix dernières années auront vu la plus rapide croissance des inégalités, associée à un rythme de développement assez proche de son niveau historique. Un cas d'école pour la formation (défunte) des marxistes de base. Encore qu'il faudrait omettre de souligner que cette croissance a été acceptée dans un certain contentement de soi par la classe moyenne, bien que celle-ci ait dû travailler davantage pour rester dans la « moyenne ». Et qu'il faudrait glisser davantage encore sur l'espèce de résignation apaisée des pauvres. Il faudrait surtout insister sur l'absence de tout sentiment de culpabilité chez ceux qui ont réussi à hisser leur torse, sinon tout leur corps, au-dessus de l'eau, planant ainsi au-dessus du reste de la société. Vient de se justifier définitivement l'*indifférence* de l'intelligentsia américaine à une *idéologie marxiste* issue des débuts du XIXe siècle. Les sociétés résistent fort bien à d'énormes inégalités, d'autant mieux qu'elles ont atteint un niveau de vie qui assure à chacun la possibilité de « vivre tranquille », y compris à l'abri de l'État.

À peu près dans le même temps, cette société a acquis son statut d'hyperpuissance, un monopole de l'usage de certaines armes qui lui assure de planer au-dessus de la mêlée des passions humaines, même barbares, de bombarder d'en haut et de gagner des guerres sans grands risques, sinon purement « accidentels ». Cette domination mondiale n'a qu'un précédent : l'Empire romain au temps où le monde se confondait grosso modo avec les rives de la Méditerranée et leurs territoires limitrophes. La moitié des sénateurs américains n'éprouvent pas le besoin de se faire établir un passeport pour l'étranger. Cet *imperium* n'est même pas le fait de l'*establishment politique* : une cohorte très réduite exerce le pouvoir, moins nombreuse encore que celle des dirigeants des grandes entreprises à espace mondial.

Le contenu le plus paradoxal de ce « miracle » réside d'ailleurs dans l'extraordinaire réussite qu'implique le fait de pouvoir diriger le monde à « si peu », de concilier la concentration du pouvoir nécessaire à cet exercice et la démocratie *en actes – pour ce qui les concerne* – et *en paroles – pour les autres communautés nationales* qui les écoutent à l'instar d'élèves qui n'aspirent pas à imiter le maître ou s'en savent incapables.

Singulier miracle ! À coup sûr, les titulaires du pouvoir ne sont pas, relativement, plus nombreux aux États-Unis qu'en Algérie. Le pouvoir leur est délégué au terme d'un contrat – pour partie d'adhésion – dont les termes ne concernent d'ailleurs que les affaires domestiques. Que la marée du confort s'élève doucement, et voilà assurée une confiance pratiquement illimitée en un Président désormais au centre du monde. Tel est bien l'enseignement le plus pragmatique, le plus intime à cette société, dont on peut être sûr que tous ceux qui embrassent de par le monde une carrière politique voudront le suivre.

Mais ces prédispositions n'auraient pas suffi à donner naissance à un « miracle » si le reste du monde n'y avait aidé, en particulier le Japon et l'Europe. Voilà dix ans que le Mikado est parti à cheval sur ses bulles financières et qu'il vogue aux côtés d'un monde à qui, un temps, il crut pouvoir montrer lui aussi les voies d'un miracle. Depuis Hiroshima, ce Mikado tenait la force américaine pour souveraine ; surpris par ses échecs, il décida de s'interroger – ce qu'il fait encore. Pour l'heure, il met à la disposition des États-Unis toutes les ressources financières qu'il n'a plus le loisir d'utiliser.

Quant à l'Europe, belle assoupie, elle a trouvé dans son narcissisme un alibi à toutes ses complaisances. Demain, elle fera la pige aux États-Unis. En attendant, elle y envoie –

la France en particulier – son épargne excédentaire, toute nouvelle, dont l'importance relative est devenue égale à celle des Japonais. En attendant, elle a choisi très explicitement de guetter toutes les occasions de travailler moins. Plus de pouvoir en travaillant moins ! Et haro sur les inégalités qui pourraient donner à qui que ce soit l'idée de faire fortune ! La saga récente de Bill Gates suffit à ses rêves qui, d'ailleurs, ne la séduisent pas vraiment. Aux États-Unis la trilogie Travail, Profit, Pouvoir ; à l'Europe le non-travail, la rente, la résignation à assister en spectatrice aux pulsations du monde. À ses intellectuels, envers lesquels sa classe moyenne n'éprouve aucun sentiment de nécessité, ni donc aucune reconnaissance, il reste à enfourcher l'idéologie des Droits de l'homme tout en considérant d'un sale œil une société américaine de plus en plus satisfaite de son hégémonie, laissant à chacun de ses membres le loisir d'essayer d'être ce qu'il désire, et les chances d'y parvenir mieux qu'ailleurs.

Paris, mai 1999.

TABLE

Une santé hors normes 9

L'anémie de la productivité du travail 27

Un miracle qui reconnaît les siens 83

Le « miracle » et le mondialisme 135

Cet ouvrage a été composé par
PARIS PHOTOCOMPOSITION
75017 Paris

www.ingramcontent.com/pod-product-compliance
Lightning Source LLC
LaVergne TN
LVHW021215061026
849535LV00008B/2751
* 9 7 8 2 2 1 3 6 0 4 6 1 9 *